Anonymus

Bestimmungen der Preussischen Zentral-Genossenschafts-Kasse

über den Geschäftsverkehr

Anonymus

Bestimmungen der Preussischen Zentral-Genossenschafts-Kasse über den Geschäftsverkehr

ISBN/EAN: 9783742895660

Hergestellt in Europa, USA, Kanada, Australien, Japan

Cover: Foto ©Suzi / pixelio.de

Manufactured and distributed by brebook publishing software (www.brebook.com)

Anonymus

Bestimmungen der Preussischen Zentral-Genossenschafts-Kasse über den Geschäftsverkehr

Preußischen Central-Genossenschafts-Kasse

über

den Geschäftsverkehr.

Als Manuskript gedruckt.

Berlin 1898.

Druck von Bernhard Paul, Berlin SW., Wilhelmstr. 22a.

Inhaltsverzeichniß.

Gesetze.

Gesetz, betreffend die Errichtung einer Centralanstalt zur Förderung des genossenschaftlichen Personalkredites. Vom 31. Juli 1895.

Wir Wilhelm, von Gottes Gnaden König von Preußen 2c. verordnen, unter Zustimmung beider Häuser des Landtages der Monarchie, was folgt:

§ 1.

Zur Förderung des Personalkredites (§. 2), insbesondere des genossenschaftlichen Personalkredites, wird unter dem Namen

„Preußische Central-Genossenschafts-Kasse"

eine Anstalt mit dem Sitze in Berlin errichtet.

Die Anstalt besitzt die Eigenschaft einer juristischen Person, sie steht unter Aufsicht und Leitung des Staates.

§ 2.

Die Anstalt ist befugt, folgende Geschäfte zu betreiben:

1) zinsbare Darlehne zu gewähren an
   a) solche Vereinigungen und Verbandskassen eingetragener Erwerbs- und Wirthschaftsgenossenschaften (Reichsgesetz vom 1. Mai 1889 — Reichs-Gesetzbl. S. 55 —), welche unter ihrem Namen vor Gericht klagen und verklagt werden können,
   b) die für die Förderung des Personalkredites bestimmten landschaftlichen (ritterschaftlichen) Darlehnskassen,
   c) die von den Provinzen (Landeskommunalverbänden) errichteten gleichartigen Institute;
2) von den unter 1 gedachten Vereinigungen u. s. w. Gelder verzinslich anzunehmen.

Zur Erfüllung dieser Aufgaben (1 und 2) ist die Anstalt außerdem befugt:

3) sonstige Gelder im Depositen- und Checkverkehr anzunehmen;
4) Spareinlagen anzunehmen;
5) Kassenbestände im Wechsel-, Lombard- und Effektengeschäft nutzbar zu machen;

6) Wechsel zu verkaufen und zu acceptiren;
7) Darlehne aufzunehmen;
8) für Rechnung der unter 1 bezeichneten Vereinigungen u. s. w. und der zu denselben gehörigen Genossenschaften sowie derjenigen Personen, von denen sie Gelder im Depositen- und Checkverkehr oder Spareinlagen oder Darlehne erhalten hat, Effekten zu kaufen und zu verkaufen.

Der Geschäftskreis der Anstalt kann durch Königliche Verordnung über die in 1 genannten Vereinigungen hinaus durch die Hereinbeziehung bestimmter Arten von öffentlichen Sparkassen erweitert werden.

§ 3.

Der Staat gewährt der Anstalt für die Dauer ihres Bestehens als Grundkapital eine Einlage von 5 Millionen Mark in dreiprozentigen Schuldverschreibungen nach dem Nennwerthe.

§ 4.

Der Finanzminister wird zur Ausgabe der Schuldverschreibungen (§ 3) ermächtigt. Er bestimmt, zu welchen Beträgen und zu welchen Bedingungen der Kündigung die Schuldverschreibungen verausgabt werden sollen.

Im Uebrigen kommen wegen Verwaltung und Tilgung der Anleihe und wegen Verjährung der Zinsen die Vorschriften des Gesetzes vom 19. Dezember 1869 (Gesetz-Samml. S. 1197) zur Anwendung.

§ 5.

Es bleibt den im § 2 gedachten Vereinigungen u. s. w. vorbehalten, sich gleichfalls an der Anstalt mit Vermögenseinlagen nach näherer Bestimmung der Aufsichtsbehörde zu betheiligen.

§ 6.

Von dem beim Jahresabschlusse sich ergebenden Reingewinne der Anstalt wird:

1) zunächst die eine Hälfte zur Bildung eines Reservefonds, die andere Hälfte zur Verzinsung der Einlagen (§§ 3 und 5) bis zu 3 vom Hundert verwendet, ein etwaiger Ueberrest aber ebenfalls dem Reservefonds zugeführt;
2) sobald der Reservefonds ein Viertel der Einlagen beträgt, eine Verzinsung der Einlagen bis zu 4 vom Hundert gewährt und der Rest dem Reservefonds zugeführt.

§ 7.

Die Aufsichtsbehörde erläßt die Geschäftsanweisungen für das Direktorium (§ 8), sowie die Dienstinstruktionen für die Beamten der Anstalt und verfügt die erforderlichen Abänderungen.

§ 8.

Die Anstalt wird durch ein Direktorium verwaltet, sowie nach außen vertreten.

Das Direktorium besteht aus einem Direktor und der erforderlichen Anzahl von Mitgliedern und faßt seine Beschlüsse nach Stimmenmehrheit, hat jedoch bei seiner Verwaltung überall den Vorschriften und Weisungen der Aufsichtsbehörde Folge zu leisten.

Der Direktor und die Mitglieder des Direktoriums werden auf den Vorschlag des Staatsministeriums vom Könige auf Lebenszeit ernannt, im Falle kommissarischer Beschäftigung durch die Aufsichtsbehörde berufen.

§ 9.

Die Beamten der Anstalt haben die Rechte und Pflichten der unmittelbaren Staatsbeamten.

Ihre Besoldungen, Pensionen und sonstigen Dienstbezüge, sowie die Pensionen und Unterstützungen für ihre Hinterbliebenen trägt die Anstalt, der auch die Bestreitung der sächlichen Verwaltungsausgaben obliegt.

Der Etat der persönlichen und sächlichen Verwaltungsausgaben ist vom 1. April 1896 ab alljährlich dem Landtage zur Genehmigung vorzulegen.

§ 10.

Die Rechnungen der Anstalt unterliegen der Revision durch die Ober-Rechnungskammer.

Die Form, in welcher die Rechnungslegung zu erfolgen hat, wird durch die Aufsichtsbehörde bestimmt. Die hierüber ergehenden Bestimmungen sind der Ober-Rechnungskammer mitzutheilen.

§ 11.

Die Anstalt wird in allen Fällen, und zwar auch, wo die Gesetze eine Spezialvollmacht erfordern, durch die Unterschrift des Direktoriums verpflichtet, sofern diese Unterschrift von zwei Mitgliedern des Direktoriums oder den als Stellvertreter der letzteren bezeichneten Beamten vollzogen ist.

§ 12.

Zur beiräthlichen Mitwirkung bei den Geschäften der Anstalt wird ein Ausschuß aus sachverständigen Personen gebildet. Dabei sind die Vereinigungen u. s. w. (§ 2), welche mit der Anstalt in regelmäßigem Geschäftsverkehr stehen oder sich an derselben mit Einlagen betheiligen (§ 5), thunlichst zu berücksichtigen.

Der Ausschuß versammelt sich unter Vorsitz des Direktors der Anstalt wenigstens einmal jährlich, kann von demselben aber auch sonst nach Bedarf berufen werden.

§ 13.

Dem Ausschuß ist Kenntniß von dem gesammten Stand der Geschäfte zu geben, er ist berechtigt, seinerseits Vorschläge über die etwa gebotenen Maßregeln zu machen.

Insbesondere ist der Ausschuß gutachtlich zu hören über:

1) die Grundsätze für die Kreditgewährung, namentlich die Höhe des Zinsfußes, die Fristen und die Sicherheitsleistung;
2) die Grundsätze für die Annahme von Spareinlagen;
3) die Bilanz und die Gewinnberechnung, welche nach Ablauf des Geschäftsjahres vom Direktorium aufgestellt und mit dessen Gutachten der Aufsichtsbehörde zur endgültigen Festsetzung überreicht wird.

Allgemeine Geschäftsanweisungen und Dienstinstruktionen sind dem Ausschusse alsbald nach ihrem Erlasse (§ 7) zur Kenntnißnahme mitzutheilen.

§ 14.

Die näheren Bestimmungen über die Zusammensetzung und den Geschäftskreis des Ausschusses erfolgen im Wege Königlicher Verordnung.

§ 15.

Aufsichtsbehörde im Sinne dieses Gesetzes ist der Finanzminister, welcher auch die zur Ausführung des Gesetzes erforderlichen Anordnungen zu treffen hat.

Urkundlich unter Unserer Höchsteigenhändigen Unterschrift und beigedrucktem Königlichen Insiegel.

Gegeben Neues Palais, den 31. Juli 1895.

(L. S.) Wilhelm.

Fürst zu Hohenlohe. v. Boetticher. Miquel. Thielen. Bosse. Frhr. v. Hammerstein.

Gesetz zur Ergänzung des Gesetzes vom 31. Juli 1895, betreffend die Errichtung einer Central-anstalt zur Förderung des genossenschaftlichen Personalkredites (Gesetz-Samml. S. 310, 1895).

Vom 8. Juni 1896.

Wir Wilhelm, von Gottes Gnaden König von Preußen ꝛc. verordnen, unter Zustimmung beider Häuser des Landtages der Monarchie, was folgt:

§ 1.

Die der Preußischen Central-Genossenschafts-Kasse für die Dauer ihres Bestehens vom Staat als Grundkapital gewährte Einlage (§ 3 Gesetz vom 31. Juli 1895) wird auf 20 Millionen Mark erhöht.

Das Erhöhungskapital ist in baar oder in Schuldverschreibungen zum Kurswerth zu überweisen.

§ 2.

Der § 6 des Gesetzes vom 31. Juli 1895 erhält unter 1 folgende Fassung:

1) zunächst $^1/_5$ zur Bildung eines Reservefonds, $^4/_5$ zur Verzinsung der Einlagen

(§§ 3 und 5) bis zu drei vom Hundert verwendet, ein etwaiger Ueberrest aber ebenfalls dem Reservefonds zugeführt.

§ 3.

Der Finanzminister wird ermächtigt, zur Bereitstellung des Erhöhungskapitales (§ 1) Schuldverschreibnngen auszugeben. Er bestimmt, wann, durch welche Stelle und in welchen Beträgen, zu welchem Zinsfuß, zu welchen Bedingungen der Kündigung und zu welchen Kursen die Schuldverschreibungen verausgabt werden sollen.

Im Uebrigen kommen wegen Verwaltung und Tilgung der Anleihe und wegen Verjährung der Zinsen die Vorschriften des Gesetzes vom 19. Dezember 1869 (Gesetz-Samml. S. 1197) zur Anwendung.

§ 4.

Der Erlaß der zur Ausführung des § 9 Absatz 1 des Gesetzes vom 31. Juli 1895, insbesondere der zur Uebertragung der gesetzlichen Vorschriften über die Kautionen, das Pensionswesen und die Fürsorge für die Hinterbliebenen der unmittelbaren Staatsbeamten sowie der Disziplinargesetze für die nicht richterlichen

Beamten auf die Beamten der Preußischen Central-Genossenschafts-Kasse erforderlichen Bestimmungen erfolgt im Wege Königlicher Verordnung.

§ 5.

Der Finanzminister wird mit der Ausführung dieses Gesetzes beauftragt.

Urkundlich unter Unserer Höchsteigenhändigen Unterschrift und beigedrucktem Königlichen Insiegel.

Gegeben Neues Palais, den 8. Juni 1896.

(L. S.) Wilhelm.

Fürst zu Hohenlohe. v. Boetticher. Frhr. v. Berlepsch. Miquel. Bosse. Bronsart v. Schellendorff. Frhr. v. Marschall. Frhr. v. Hammerstein. Schönstedt. Frhr. v. d. Recke.

Gesetz wegen Erhöhung des Grundkapitales der Preußischen Central-Genossenschafts-Kasse. Vom 20. April 1898.

Wir Wilhelm, von Gottes Gnaden König von Preußen ꝛc. verordnen, unter Zustimmung beider Häuser des Landtages der Monarchie, was folgt:

§ 1.

Die der Preußischen Central-Genossenschafts-Kasse für die Dauer ihres Bestehens vom Staat als Grundkapital gewährte Einlage wird auf 50 Millionen Mark erhöht.

Das Erhöhungskapital von 30 Millionen Mark ist baar oder in Schuldverschreibungen zum Kurswerth zu überweisen.

Die Ueberweisung erfolgt in Höhe von 20 Millionen alsbald; für den Restbetrag von 10 Millionen Mark bestimmt der Finanzminister den Zeitpunkt der Ueberweisung.

§ 2.

Der Finanzminister wird ermächtigt, zur Bereitstellung des Erhöhungskapitales Schuldverschreibungen auszugeben. Er bestimmt, wann, durch welche Stelle und in welchen

Beträgen, zu welchem Zinsfuß, zu welchen Bedingungen der Kündigung und zu welchen Kursen die Schuldverschreibungen verausgabt werden sollen.

Im Uebrigen kommen wegen Verwaltung und Tilgung der Anleihe und wegen Verjährung der Zinsen die Vorschriften des Gesetzes vom 19. Dezember 1869 (Gesetz-Samml. S. 1197) und des Gesetzes vom 8. März 1897 (Gesetz-Samml. S. 43) zur Anwendung.

§ 3.

Mit der Ausführung dieses Gesetzes wird der Finanzminister beauftragt.

Urkundlich unter Unserer Höchsteigenhändigen Unterschrift und beigedrucktem Königlichen Insiegel.

Gegeben Homburg v. d. H., den 20. April 1898.

(L. S.) Wilhelm.

Fürst zu Hohenlohe. v. Miquel. Thielen. Bosse. Frhr. v. Hammerstein. Schönstedt. Frhr. v. d. Recke. Brefeld. v. Goßler. Gr. v. Posadowsky. v. Bülow. Tirpitz.

Bestimmungen

über den

Geschäftsverkehr mit Vereinigungen und Verbandskassen eingetragener Erwerbs- und Wirthschaftsgenossenschaften.

(Gesetz vom 31. Juli 1895, § 2 Nr. 1a und 2, Ges.-S. 1895 S. 310.)

---

§ 1.

Vom 1. April 1898 ab treten für den Verkehr mit den Verbandskassen (§ 2 Nr. 1a u. 2 des Gesetzes vom 31. Juli 1895) folgende Bestimmungen in Kraft, welche im Wesentlichen die Bestimmungen vom Dezember 1895, nebst den seitdem mitgetheilten Nachträgen zusammenfassen und diejenigen Abänderungen enthalten, welche sich in dem Geschäftsverkehr mit den Verbandskassen als unbedingt nothwendig herausgestellt haben. Durch die gegenwärtigen Bestimmungen werden daher alle früheren aufgehoben, auch etwa zur Zeit noch bestehende besondere Abmachungen.

A. Kreditwesen.

Allgemeines.

§ 2.

Die Preußische Central-Genossenschafts-Kasse eröffnet auf schriftlichen Antrag Vereinigungen und Verbandskassen eingetragener Erwerbs- und Wirthschafts-Genossenschaften ein Konto unter Kreditgewährung nach folgenden Grundsätzen:

1. Unterlagen für den Kredit.

§ 3.

Für genossenschaftlich organisirte Verbandskassen dienen als Unterlagen des Kredits zunächst die bei ihnen übernommenen, gerichtlich eingetragenen, von der Preußischen Central-Genossenschafts-Kasse als vertretbar anerkannten Haftsummen; als Ergänzung kommen Spezialsicherheiten (Depot-Wechsel, Bürgschaftsscheine, Effekten) in Betracht.

§ 4.

Dem Antrage auf Eröffnung oder Erhöhung des Kredits sind folgende Nachweise beizulegen:

1. eine Liste der der Verbandskasse als Mitglieder angehörigen Genossenschaften und

Einzelgenossen, nebst der gerichtlichen Bescheinigung über die erfolgte Eintragung und die Anzahl der von jedem Genossen übernommenen Geschäftsantheile,

2. ein ausgefüllter „Nachweis" zur Feststellung der Kreditfähigkeit nach beiliegendem Muster A, in welchem die Genossenschaften in der Reihenfolge der Registernummern einzutragen sind,

Muster A.

3. die von den Mitgliedern ausgefüllten Fragebogen nach Muster B und C.

Muster B. u. C.

§ 5.

Für die Fälle, bei denen es sich um die Summe der Vermögen der Mitglieder (unbeschränkte Haftpflicht) handelt, sind nach den beigefügten Erlassen des Herrn Finanzministers die Beglaubigungen der Vorsitzenden der Veranlagungskommissionen ohne Schwierigkeit zu erbringen; Muster anliegend.

Anl. I. II.

Muster D.

§ 6.

Wo auf das Vermögen einzelner Mitglieder der Kredit aufgebaut werden muß — bei beschränkter Haftpflicht im Falle der Uebernahme von mehr als 300 Mark Haftsumme —

bieten die anliegenden Verfügungen des Herrn Finanzministers vom 2. November 1896 II 13833 und vom 8. Januar 1898 II 13375 die Möglichkeit, amtlich beglaubigte Nachweise zu erhalten. Anl. III u. IV.

§ 7.

Es wird im Allgemeinen genügen, wenn Nachweise ohne Namensnennung beigefügt werden. Erscheint aber dieser Nachweis als nicht genügend, so bleibt es besonderer Vereinbarung mit der betreffenden Verbandskasse vorbehalten, weitere Nachweise nach Muster E bezw. F zu fordern. Muster E. u. F.

§ 8.

Ueberall da, wo die erforderlichen Nachweise zur Kreditbemessung, insbesondere die behördlich bescheinigten Listen nicht vorliegen, wird bei der Kreditfestsetzung von dem Grundsatze ausgegangen, daß in den angeschlossenen Genossenschaften jeder einzelne Genosse 100 Mark bis höchstens 300 Mark Haftsumme — je nach den in Betracht kommenden wirthschaftlichen Verhältnissen u. s. w. — vertreten kann.

§ 9.

Die Einreichung der Kreditunterlagen hat zu erfolgen behufs Eröffnung der Geschäftsbeziehungen, sodann halbjährlich jeweils bis 15. Februar und bis 15. August jeden Jahres, insofern Aenderungen beantragt werden.

2. Kreditfestsetzungen.

§ 10.

Auf Grund der eingesandten Unterlagen wird durch das Direktorium die Höchstgrenze des Kredits festgesetzt; das Direktorium bestimmt, welche Krediteinräumung unter Berücksichtigung der sonstigen Verhältnisse innerhalb dieses Höchstkredits thatsächlich stattzufinden hat. Ein **Anspruch** auf den Höchstkredit oder überhaupt auf eine bestimmte Höhe des Kredits besteht für die Verbandskassen nicht. —

§ 11.

Für Verbandskassen, welche der Preußischen Central-Genossenschafts-Kasse ihre gesammte Kassenführung übertragen und selbst nur eine sogenannte Buchkasse führen und welche die Erklärung abgeben, daß sie außer aus dem Verkehr mit den Genossen und aus Spareinlagen nur durch die Preußische Central-Genossenschafts-Kasse ihre Betriebsmittel beziehen (sog. Ausschließlichkeitserklärung), wird der

Höchstkredit derart berechnet, daß in den Fällen, wo das Direktorium einen Sicherheitsabzug nach seinen Grundsätzen machen muß, dieser $^1/_4$ beträgt.

§ 12.

Liegt die Ausschließlichkeitserklärung vor, wird aber eine Buchkasse nicht zugestanden, oder umgekehrt, so beträgt der Abzug $^1/_3$.

§ 13.

Wird weder Ausschließlichkeitserklärung noch Buchkasse zugegeben, so beträgt der Abzug $^1/_2$ von dem Gesammtbetrage der bei der Verbandskasse übernommenen Haftsummen, während die Unterlagen mit $^2/_3$ berechnet werden.

§ 14.

Eine Ausnahme von den vorstehenden Bestimmungen kann nur in einem solchen Falle gewährt werden, in welchem vom Direktorium als hinreichend anerkannte Gründe vorliegen, namentlich wenn die Nichteinführung der Buchkasse oder eine beschränkte Darlehnsaufnahme von anderer Seite im wesentlichen Interesse der Genossenschaften liegen, ohne diejenigen der Preußischen Central-Genossenschafts-Kasse zu benachtheiligen.

§ 15.

Wird thatsächlich, entgegen der abgegebenen Ausschließlichkeitserklärung, anderweite Verbindung eingegangen, so behält sich die Preußische Central-Genossenschafts-Kasse das Recht vor, mit einer Frist von 90 Tagen alle Geschäftsverbindung mit der betreffenden Verbandskasse zu kündigen.

§ 16.

Alle Kreditfestsetzungen werden von der Preußischen Central-Genossenschafts-Kasse durch eingeschriebene Briefe mitgetheilt.

§ 17.

Die Festsetzung des Kredits erfolgt bei Beginn der Geschäftsverbindung, sodann halbjährlich, jedesmal bis Ende März und Ende September, falls Aenderungen einzutreten haben; anderenfalls bleibt die zuletzt erfolgte Festsetzung in Kraft. Verfügung über Kredit kann erst stattfinden, wenn die Festsetzung durch eingeschriebenen Brief von Seiten der Preußischen Central-Genossenschafts-Kasse angezeigt worden ist.

§ 18.

Eine Ueberschreitung des festgesetzten Kredits

wird nicht gewährt. Behufs Vermeidung einer solchen durch die fällig werdenden Zinsen werden diese im letzten Monat jedes Quartals bei Ermittelung der Höhe des noch offenen Kredits in Anrechnung gebracht.

3. Form des Kredits.

§ 19.

Nach Bestimmung des Direktoriums in jedem einzelnen Falle wird der Kredit entweder ausschließlich in laufender Rechnung, oder theils in laufender Rechnung, theils als Wechselkredit, oder ausschließlich als Wechselkredit gewährt und demgemäß festgestellt. Maßgebend für die Bestimmung der Kreditform sind die Geschäftsformen, welche die Verbandskassen und die ihnen angeschlossenen Genossenschaften selbst zur Anwendung bringen, ferner das Kreditbedürfniß der Verbandskassen, indem der Wechselkredit im Allgemeinen ein weiter gehender sein kann, als der Kredit in laufender Rechnung. Auch kann eine außergewöhnliche Inanspruchnahme des Grundkapitals der Preußischen Central-Genossenschafts-Kasse diese veranlassen, zu der Form des Wechselkredits zu schreiten.

§ 20.

Auf Spezialsicherheiten beruhender Kredit wird nur da ausnahmsweise in laufender Rechnung gewährt, wo die Verbandskassen und Genossenschaften die Form des Wechsels im eigenen Verkehr grundsätzlich ausschließen; ein Anspruch auf die laufende Rechnung kann aber auch hier nicht anerkannt werden.

a. Laufende Rechnung.

§ 21.

Nach Absicht des Gesetzgebers soll die Preußische Central-Genossenschafts-Kasse eine Ausgleichstelle für die Verbandskassen sein und zwar für das Bedürfniß des kurzfristigen Personalkredits. Die Voraussetzung für eine das Genossenschaftswesen in wirksamer Weise fördernde Thätigkeit der Preußischen Central-Genossenschafts-Kasse ist daher, daß ein gesundes Verhältniß zwischen Darlehen und Rückzahlungen besteht. Andernfalls würden die Mittel der Kasse festgelegt und diese selbst ihre Aufgabe nicht mehr erfüllen.

§ 22.

Wo die Rückzahlungen nicht entsprechend stattfinden, wird die Preußische Central-Genossenschafts-Kasse die Umwandlung des in laufender Rechnung gewährten Kredits in Wechselkredit im Interesse der Allgemeinheit vornehmen.

§ 23.

Sollte in einem Falle der eingeräumte Kredit dauernd voll in Anspruch genommen werden, ohne daß trotz Mahnungen Rückzahlungen erfolgen, so hat die Preußische Central-Genossenschafts-Kasse das Recht, den Geschäftsverkehr mit einer Frist von 90 Tagen zu kündigen.

§ 24.

Die Zinsbedingungen für den Verkehr in laufender Rechnung werden halbjährlich festgesetzt und stets Mitte Februar und Mitte August, spätestens 6 Wochen vor Ablauf des halben Jahres für das folgende entweder bestätigt oder abgeändert. Die Preußische Central-Genossenschafts-Kasse behält sich jedoch vor, eine Erhöhung des Zinsfußes für Darlehen auch innerhalb des halben Jahres eintreten zu lassen, wenn ganz außergewöhnliche Geschäftsverhältnisse dazu nöthigen.

§ 25.

Alle Rechnungen werden lediglich unter

Erstattung der entstandenen Porti und Spesen provisionsfrei, die Zinsberechnungen staffelförmig geführt

b. Wechselverkehr.

§ 26.

Die Preußische Central-Genossenschafts-Kasse räumt den Verbandskassen auf Grund der bei ihnen übernommenen Haftsummen oder von ihnen gestellten Spezialsicherheiten (Depotwechsel, Bürgschaftsscheine, Effektenunterlagen — Hypothekenforderungen sind jedoch ausgeschlossen —) Wechselkredite ein.

§ 27.

Für die Prüfung der Spezialsicherheiten und für die Festsetzung der Kreditgrenze gelten im Allgemeinen die vorstehend in §§ 10 flgde. getroffenen Bestimmungen.

§ 28.

Die Gesammtsumme (Engagement) der von der Preußischen Central-Genossenschafts-Kasse diskontirten und noch nicht abgelaufenen (eingelösten) Wechsel darf die festgesetzte Kreditgrenze nicht überschreiten. Wechsel, die mit ihrem Betrage über diese Summe ganz oder theilweise hinausgehen, werden nicht diskontirt.

§ 29.

Die Diskontirungen erfolgen im Allgemeinen zum jeweiligen offiziellen Wechseldiskontsatze der Reichsbank.

§ 30.

Es können bankmäßige Kundenwechsel und nach vorher erfolgter Vereinbarung „eigene Accepte" der angeschlossenen Genossenschaften, auf denen die diskontirende Verbandskasse als Aussteller steht, eingereicht werden.

§ 31.

Eine genaue Prüfung der eingereichten Wechsel behält sich die Preußische Central-Genossenschafts-Kasse in jedem Falle vor und ist nicht verpflichtet, die Gründe für eine etwaige Zurückweisung eingereichter Wechsel anzugeben

§ 32.

Wechsel mit Unterschriften erster Qualität (sog. Privat-Diskonten) werden auf Grund besonderer Vereinbarungen zu einem niedrigeren Zinssatze (Privat-Diskont) diskontirt, wobei in solchen Fällen der diskontirte Betrag auf den eingeräumten Kredit nicht in Anrechnung gebracht wird.

§ 33.

Auch vermittelt die Preußische Central-Genossenschafts-Kasse den An- und Verkauf von Privatdiskonten an der Berliner Börse unter Berechnung von 1/4 pro mille Provision und der dem Börsengebrauche entsprechenden Courtage.

Lombard-Verkehr.

§ 34.

Die Preußische Central-Genossenschafts-Kasse gewährt gegen Hinterlegung beleihungsfähiger Werthpapiere Darlehne.

§ 35.

Es werden die vom Deutschen Reiche oder den deutschen Einzelstaaten herausgegebenen Anleihen, die landschaftlichen Pfandbriefe und diesen gleichwerthige Papiere zu 90 % des Kurswerthes, letzterer nicht über pari, beliehen.

Für die Beleihung anderer Werthpapiere und für die Beleihung sonstiger Werthgegenstände bleibt die Festsetzung der Bedingungen vorbehalten. (Für die Beleihung von Getreide, Zucker, Spiritus werden besondere Bedingungen festgesetzt.)

§ 36.

Die Zinsvergütung in diesem Verkehr wird

nach dem jeweiligen Lombardzinsfuße der Reichsbank in Ansatz gebracht. Außerdem werden nur uns entstandene Spesen und Porti berechnet.

B. Verkehr in Werthpapieren.

An- und Verkauf.

§ 37.

An- und Verkäufe von Werthpapieren werden für Inhaber eines Kontos auf Grund schriftlicher oder telegraphischer Aufträge ausgeführt.

§ 38.

Bei unlimitirten Verkaufsaufträgen hat gleichzeitig mit der Ertheilung des Auftrages die Absendung der Papiere an uns zu erfolgen. Bei limitirten Verkaufsaufträgen müssen die Papiere spätestens unmittelbar nach erhaltener Anzeige von der Ausführung des Auftrages abgesandt werden, damit hinsichtlich der Lieferung die Usancen der hiesigen Börse bezw. die Vorschriften der Börsenordnung innegehalten werden können.

§ 39.

Anträge auf Verkauf von Werthpapieren, die sich noch nicht in unseren Händen befinden, müssen in allen Fällen Angaben über Größe, Serie, Zinstermine, Emissionsjahrgänge der zu verkaufenden Stücke enthalten. Sollten eingesandte Werthpapiere von der Sachverständigen-Kommission der hiesigen Börse nicht für lieferbar erklärt werden, so haben die Auftraggeber die hieraus etwa entstehenden Kosten zu tragen.

§ 40.

An Gebühren für die Preußische Central-Genossenschafts-Kasse werden berechnet $1/4$ pro mille, mindestens jedoch 30 Pf. für jede Gattung der zu kaufenden bezw. zu verkaufenden Werthpapiere. Bei gleichzeitiger Ausführung unlimitirter Aufträge zum An- und Verkauf für denselben Auftraggeber wird die Provision nur einmal und zwar von der größeren Seite berechnet.

§ 41.

Maklergebühren (Courtage) und Stempel werden dem Börsengebrauche gemäß in Anrechnung gebracht.

Coupon-Einziehung.

§ 42.

In Berlin zahlbare Zins- und Gewinnantheilscheine (Coupons), sowie verlooste oder gekündigte Werthpapiere werden ohne Berechnung besonderer Gebühren eingezogen. Die Einlösung oder Verwerthung anderer Coupons (auch solcher in fremder Währung) wird unter Berechnung der entstandenen Unkosten bestmöglichst besorgt.

Die Gutschriften auf dem Konto erfolgen 3 Tage nach Eingang des Betrages.

Offene Depots von Werthpapieren.

§ 43.

Die Preußische Central-Genossenschafts-Kasse übernimmt für Inhaber eines Kontos die Aufbewahrung und Verwaltung von Werthpapieren unter nachstehenden Bedingungen:

1. Für die sichere und getreue Aufbewahrung der übergebenen Werthpapiere, welche in besonderen, auf den Namen der Hinterleger lautenden Mappen in diebes- und feuersicheren Tresors aufbewahrt werden, wird die gesetzliche Gewähr übernommen.
2. Die Abtrennung, Verwerthung und Gutschrift der Coupons und Dividendenscheine, Erhebung neuer Coupons- und Dividendenbogen, Einziehung bezw. Verwerthung ausgelooster Werthpapiere und der Umtausch

von Interimsscheinen in definitive Stücke wird, sofern durch diese Geschäfte keine Spesen erwachsen, gebührenfrei besorgt.

3. Auf Antrag und auf Grund besonderer Uebereinkunft wird die Verloosungs-Kontrolle der hinterlegten Papiere übernommen. Für die Uebernahme der Verloosungskontrolle bleibt die Erhebung einer Gebühr vorbehalten; im Uebrigen werden für die Aufbewahrung und Verwaltung Kosten nicht berechnet.

C. Schlußbestimmungen.

§ 44.

Die Verbandskassen verpflichten sich:

a. Die angeschlossenen Einzelgenossenschaften dazu anzuhalten, daß dieselben ausgefüllte summarische Nachweise über den Bestand an Mitgliedern und Geschäftsantheilen nach anliegenden Mustern an die Gerichte einreichen.

b. Bis zum 15. Februar bezw. bis zum 15. August je eine ein Semester umfassende Aufstellung über die in „Laufender Rechnung" erfolgte Darlehnsgewährung und über die stattgehabten Rückzahlungen nach beiliegendem Muster zu liefern. Muster J.

c. Bis zum 15. Februar und bis zum 15. August je eine Rohbilanz der Verbandskasse für das vorhergegangene Semester einzureichen.

d. Nach Veröffentlichung der Bilanzen der angeschlossenen Einzelgenossenschaften und sonstigen juristischen Personen diese Bilanzen gesammelt einzusenden, wobei aufgeklebte Zeitungsausschnitte genügen.

Bis zu einer in Aussicht genommenen Verständigung über gleichmäßige Formen für die Bilanzen genügt die bei den Genossenschaften eingeführte Form.

Alle einzureichenden Listen sind mit Datum und mit den Unterschriften derjenigen Personen zu versehen, welche für den Inhalt verantwortlich sind.

Berlin, im Januar 1898.

Direktorium
der Preußischen Central-Genossenschafts-Kasse.

Freiherr von Huene.
zur Megede. Dr. C. Heiligenstadt.

Von den vorstehenden Bestimmungen haben wir Kenntniß genommen und erkennen dieselben als für unseren Geschäftsverkehr mit der Preußischen Central-Genossenschafts-Kasse maßgebend und verbindlich an.

.................................., den ....

(Firma)

(Unterschriften)

Muster A.—J.

Nachweis als Grundl

I. Verhältnisse der Einzelgenossenschaft.

Allgemein.						Bei unbeschränkter Haftpflicht und				
						Nachschußpflicht.				
						Gesammtbetrag des Vermögens der Genossen.			Gesammteinkom Genossen	
						7.			8.	
Firma und Sitz.	Haftpflichtart.	Anzahl der Mitglieder.	Höhe des Geschäftsantheils.	Gesammthöhe der Geschäftsguthaben der Genossen	Höhe des Reservefonds.	Nach der Ergänzungssteuer.	Etwa durch besondere Schätzung außerdem ermittelt.	Summa von a und b.	Nach der Veranlagung zur Einkommensteuer.	Etwa außerdem auf Grund von Schätzung ermittel

Muster **A.** (§ 4 Nr. 2 d. Best.)

…ewährung.

…unkter …ht.	II. Verhältniß zur Verbandsgenossenschaft m. b. H.					III.		
						Nr. 18, 19 u. 20 werden durch die Preuß. Central-Genossenschafts-Kasse ausgefüllt.		
Gesammtbetrag der von den Genossen übernommenen Haftsummen.	Höhe des Geschäftsantheils.	Anzahl der übernommenen Geschäftsantheile.	Geleistete Einzahlung auf den Geschäftsantheil.	Haftsumme, welche einem Geschäftsantheil entspricht.	Im Ganzen übernommene Haftsumme.	Gesammtkreditfähigkeit der Einzel-Genossenschaft	Nach Abzug der Summe in Spalte 17: Ueberschießende Kreditfähigkeit.	Von der Summe Spalte 17 nicht vertretbar.
12.	13.	14.	15.	16.	17.	18.	19.	20.
Mark.	Mark.		Mark.	Mark.	Mark.	Mark.	Mark.	Mark.

Provinz: | Muster B. | Landgericht:
Kreis: | (§ 4 N. 3 d. Best.) | Amtsgericht:

Unbeschränkte Haftpflicht.
(Nachschußpflicht.)

Nr. des Genossenschaftsregisters:

Firma der Verbandskasse, welcher die Genossenschaft angehört:

....

Fragebogen.

Die Nummern entsprechen den Spalten des von der Verbandskasse auszufüllenden „**Nachweises als Grundlage für die Kreditgewährung**".

1. Firma und Sitz der Genossenschaft:

3. Anzahl der Mitglieder:

4. Höhe des Geschäftsantheils:

5. Gesammthöhe der Geschäftsguthaben der Genossen:

6. Höhe des Reservefonds:

7. Gesammtbetrag des Vermögens der Genossen
   a) nach der Ergänzungssteuer: Mark

   b) etwa durch besondere Schätzung außerdem ermittelt: Mark

8. Gesammteinkommen der Genossen
   a) nach der Veranlagung zur Einkommensteuer: Mark

   b) etwa außerdem auf Grund von Schätzung ermittelt: Mark

I. Der zehnte Theil der Gesammtsumme der Vermögen (bezw. ergänzend des Einkommens) der Genossen wird als vertretbar angenommen.

II. Das ausgefüllte Muster D. ist einzusenden.

III. Werden 7b und 8b beantwortet, was freigestellt ist, so haben hierunter diejenigen Personen, welche die Verantwortlichkeit für die Schätzung übernehmen, die Richtigkeit zu bescheinigen.

Provinz:
Kreis: ....

Muster C.
(§ 4 N. 3 d. Best.)
Beschränkte Haftpflicht.

Landgericht:
Amtsgericht:
Nr. des Genossenschaftsregisters:

Firma
der Verbandskasse,
welcher die Genossenschaft angehört.

Fragebogen.

Die Nummern entsprechen den Spalten des von der Verbandskasse auszufüllenden „**Nachweises als Grundlage für die Kreditgewährung**“.

---

1. Firma und Sitz der Genossenschaft:

2. Anzahl der Mitglieder:

4. Höhe des Geschäftsantheils:

5. Gesammthöhe der Geschäftsguthaben der Genossen:

6. Höhe des Reservefonds:

10. Anzahl der übernommenen gerichtlich eingetragenen Geschäftsantheile:

11. Höhe der Haftsumme, welche einem Geschäftsantheile entspricht:

12. Gesammtbetrag der von den Genossen übernommenen Haftsumme:

I. Der zehnte Theil des Vermögens wird als vertretbar angesehen.

II. Haftsummen über 300 Mark sind durch Vermögensnachweise als vertretbar nachzuweisen. Dies geschieht

a. durch Einsendung des ausgefüllten Musters E,

b. durch Bescheinigung des Vorstandes hierunter, daß derselbe aus Einsichtnahme der Steuereinschätzungen oder Steuerzettel sich überzeugt hat, daß das Vermögen der Betreffenden den zehnfachen Betrag der übernommenen Haftsummen mindestens erreicht,

c. durch andere Nachweise, welche die Vertretbarkeit glaubhaft darthun.

III. Fehlen die Nachweise, oder sind dieselben ungenügend erbracht (z. B. bei II c), so werden 100 bis 300 Mark als vertretbar zu Grunde gelegt.

Provinz: | Muster D. (§ 5 d. Best.) Unbeschränkte Haftpflicht. | Landgericht:
Kreis: | | Amtsgericht:

Nr. des Genossenschaftsregisters.

....

Firma der Verbandskasse, welcher die Genossenschaft angehört.

Firma und Sitz der Genossenschaft:

Dem Herrn Vorsitzenden der Veranlagungskommission zu .... überreichen wir in der Anlage die Mitgliederliste unserer Genossenschaft mit der Bitte, hierunter der Preußischen Central-Genossenschafts-Kasse zu Berlin, zu Händen unserer Verbandskasse,

(Firma:)

....

mittheilen zu wollen, mit welcher Gesammtsumme

a. zur Ergänzungssteuer

b. zur Einkommensteuer

die in der Liste aufgeführten Mitglieder der unterzeichneten Genossenschaft nach der letzten Steuereinschätzung veranlagt sind.

Für diesen Antrag beziehen wir uns auf die Verfügungen des Herrn Finanzministers vom 15. Juni 1897 — J.-No. $\frac{\text{II 6320}}{\text{I 7606}}$ — und vom 7. Juli 1897 — J.-No. II 7390 —.

.........................., den ......ten .... 18......

(Firma der Genossenschaft:)

An

den Herrn Vorsitzenden der Veranlagungs-Kommission

zu

....

Urschriftlich an
die Preußische Central-Genossenschafts-Kasse
zu Berlin

zu Händen der (Firma der Verbandskasse:) ....

zu ....

mit dem Bemerken, daß die in der wieder beigefügten Liste aufgeführten Mitglieder de (Firma der Genossenschaft:)

....

insgesammt für das Steuerjahr 18 ...... veranlagt sind

a. zur Ergänzungssteuer mit M.
b. zur Einkommensteuer mit M.

.........., den ......ten .... 18......

Der Vorsitzende
der Veranlagungs-Kommission.

Bemerkung. Der Herr Finanzminister hat in dieser Angelegenheit verfügt:

Berlin, den 12. Mai 1898.

Auf den gefälligen Bericht vom 9. d. M. I 800 erkläre ich mich damit einverstanden, daß Schreiben der Genossenschaften an die Vorsitzenden der Veranlagungskommissionen und Schreiben der genannten Vorsitzenden an die Central-Genossenschafts-Kasse, falls diese Schreiben nach dem vorgelegten Muster abgefaßt werden, keines Stempels bedürfen.

Ihren Bericht vom 25. März d. J. I 454 betrachte ich hiernach als erledigt.

Der Finanz-Minister.
gez. von Miquel.

An den Herrn Präsidenten der Preußischen Central-Genossenschafts-Kasse hier

J.-No. I 6436 / III 6604.

Provinz:
Kreis: ....

Muster E.
(§ 7 d. Best.)
Beschränkte Haftpflicht.

Landgericht:
Amtsgericht:
Nr. des Genossenschafts-Registers.

Firma der Verbandskasse, welcher die Genossenschaft angehört.

Firma und Sitz der Genossenschaft:

Den Herrn Vorsitzenden der Veranlagungs-Kommission ersuchen wir ergebenst, der Preußischen Central-Genossenschafts-Kasse zu Berlin, zu Händen der (Firma der Verbandskasse:)
....

zu ....

mittheilen zu wollen, ob die in der umstehenden Liste aufgeführten .... Mitglieder de....
(Firma der Genossenschaft:) ....
....
zu einem Vermögen veranlagt sind, welches dem in Spalte 7 der Liste angegebenen Betrage mindestens gleichkommt.

Das Einverständniß der Steuerpflichtigen ist aus untenstehender Erklärung ersichtlich

, den ten .... 18....

(Firma der Genossenschaft:) ....
....

Erklärung.

Die unterzeichneten Mitglieder d (Firma der Genossenschaft:) ....

....

erklären sich damit einverstanden, daß über ihre Veranlagung zur Ergänzungs- und Einkommensteuer die in der umstehenden Liste erforderten Mittheilungen der Preußischen Central-Genossenschafts-Kasse zu Berlin, zu Händen de.... (Firma der Verbandskasse:) ....

....

zu ....

gemacht werden.

.........................., den ......ten.................... 18......

(Unterschriften:)

....

An den
Herrn Vorsitzenden der Veranlagungs-Kommission
zu

....

Li

derjenigen Mitglieder de. (Firma der Genossenschaft)

zu ....

welche **mehr als 300 Mark**

Nummer der Hauptliste	Name	Anzahl der übernommenen Antheile	Den übernommenen Antheilen entspricht Haftsumme M.	Bei anderen Genossenschaften übernommene Haftsummen M.	Summe 4 u. 5 M.	Vermögen, welches zur Vertretung der Haftsumme erforderlich, das Zehnfache von Spalte 6 M.
1	2	3	4	5	6	7

ſt e

.... ,

Haftſumme übernommen haben.

Nummer der Hauptliſte	Name	Anzahl der über-nommenen Antheile	Den über-nommenen Antheilen ent-ſpricht Haft-ſumme ℳ	Bei anderen Ge-noſſen-ſchaften über-nommene Haft-ſummen ℳ	Summe 4 u. 5 ℳ	Vermögen, welches zur Vertretung der Haftſumme erforderlich, das Zehn-fache von Spalte 6 ℳ
1	2	3	4	5	6	7

Die Richtigkeit des Auszuges aus der Mitgliederliſte der Genoſſenſchaft beſcheinigt

.................................., den .... 18......

Der Vorſtand.

Urschriftlich an
die Preußische Central-Genossenschafts-Kasse
zu Berlin

zu Händen d (Firma der Verbandskasse:) ....

....

zu ....

mit der Mittheilung, daß die in der vorstehenden Liste aufgeführten Mitglieder de....
(Firma der Genossenschaft:) ....

....

zu einem Vermögen veranlagt sind, welches dem in Spalte 7 der Liste angegebenen Betrage mindestens gleichkommt.

.............................., den .... 18......

Der Vorsitzende
der Veranlagungs-Kommission.

Bemerkung: Der Herr Finanzminister hat mit Bezug auf diese Angelegenheit verfügt:

Berlin, den 8. Januar 1898.

Es findet hier kein Bedenken, daß die Bescheinigungen der Vorsitzenden der Veranlagungskommissionen über die Veranlagung von Genossenschaftsmitgliedern zur Ergänzungssteuer durch einen nach dem überreichten Muster aufgestellten, von den betheiligten Personen mitzuzeichnenden Antrag eingeholt werden.

Der Finanz-Minister.
gez. von Miquel.

J. N. II 13357.

Berlin, den 12. Mai 1898.

Auf den gefälligen Bericht vom 9. d. M. I 800 erkläre ich mich damit einverstanden, daß Schreiben der Genossenschaften an die Vorsitzenden der Veranlagungskommissionen und Schreiben der genannten Vorsitzenden an die Central-Genossenschafts-Kasse, falls diese Schreiben nach dem vorgelegten Muster abgefaßt werden, keines Stempels bedürfen.

Ihren Bericht vom 25. März d. J. I 454 betrachte ich hiernach als erledigt.

Der Finanz-Minister.
gez. von Miquel.

An den Herrn Präsidenten der Preußischen Central-Genossenschafts-Kasse hier.

J. No. $\frac{\text{I 6436.}}{\text{III 6604.}}$

Provinz:

Kreis: ....

Muster F.

(§ 7 d. Best.)

Beschränkte Haftpflicht.

Landgericht:

Amtsgericht: ....

Nr. des Genossenschaftsregisters:

....

Firma der Verbandskasse, welcher die Genossenschaft angehört:

....

1. Firma und Sitz der Genossenschaft: ....
2. Haftpflichtart: ....
3. Anzahl der Mitglieder: .... am ....
4. Höhe des Geschäftsantheils: ....
5. Gesammthöhe der Geschäftsguthaben der Genossen: .... am ....
6. Höhe des Reservefonds: .... am ....

10. Anzahl der übernommenen gerichtlich eingetragenen Geschäftsantheile:
11. Höhe der Haftsumme, welche einem Geschäftsantheil entspricht: ....
12. Gesammtbetrag der von den Genossen übernommenen Haftsummen: ....

Lfd. Nr. der bei dem Gericht geführten Liste der Genossen	Namen der Genossen	Stand	Wohnort	Betrag der von den Genossen jährlich zu leistenden Einkommensteuer wirkliche		Einkommensteuer fingirte (§ 74 des Einkommensteuergesetzes vom 24.6.91)		Ergänzungssteuer		Summe aus 5 u. 6	
				ℳ	₰	ℳ	₰	ℳ	₰	ℳ	₰
1.	2.	3.	4.	5.				6.		7.	

Uebernommene Antheile Anzahl	Uebernommene Haftsumme (pro Antheil M.......) M.	Betheiligung bei einer oder mehreren anderen Genossenschaften: Firma	Haftart	Betrag der übernommenen Haftsumme M.	Gesammtbetrag der Verpflichtung M.	Vertretbar (Wird durch die Preußische Central-Genossenschafts-Kasse ausgefüllt) M.	Bemerkungen.
8.		9.			10.	11.	12.

Erklärung gemäß Erlaß des Herrn Finanzministers vom 2. November 1896. J.-No. II 13833.

............................, den ......ten................... 189

Wir die
Ich das unterzeichnete.... Mitglied der
(Firma der Genossenschaft)

....

geben hiermit die ausdrückliche Erlaubniß, daß sowohl dem Vorstande der obengenannten Kasse, wie auch dem Vorstande der (Name der Verbandskasse)

....

seitens der Königlichen Behörden wie Kommunalbehörden jede nur gewünschte Auskunft über unsere / meine Steuer- und Abgaben-Verhältnisse, als auch über diejenigen Einkommenverhältnisse, welche bei Gelegenheit der Steuerveranlagung zur Kenntniß obengenannter Behörden gelangen, ertheilt werden darf.

Provinz: **Muster G.** Landgericht:

Kreis: .... (§ 44a d. Best.) Amtsgericht: ......

Unbeschränkte Haftpflicht. Nr. des Genossenschaftsregisters:

....

Firma und Sitz der Verbandskasse, welcher die Genossenschaft angehört.

Firma und Sitz der Genossenschaft:

....

Das Königliche Amtsgericht ersuchen wir auf Veranlassung der Preußischen Central-Genossenschafts-Kasse, dieser Kasse über die Zahl unserer Genossen hierunter in Gemäßheit der Allgemeinen Verfügung des Justizministers vom 18. Mai 1898 (Just.-Min.-Bl. S. 112) Auskunft zu ertheilen

..........................., den ......ten .... 189...

(Firma der Genossenschaft.)

....

....

An
das Königliche Amtsgericht
in

....

In der Liste der Genossen für die vorstehende Genossenschaft waren eingetragen:

am 1. Januar 189.... Mitglieder..........*)

am 31. Dezember 189.... Mitglieder..........*)

.............................., den ....ten.............. 189...

Gerichtsschreiber des Königlichen Amtsgerichts.

Königliches Amtsgericht.

.............................., den ......ten.................. 189....

Urschriftlich an

die Preußische Central-Genossenschafts-Kasse

in

Berlin N.W.,

Dorotheenstraße 42.

....

*) Diese Zahlen sind vor der Einreichung an das Amtsgericht von der Genossenschaft auszufüllen.

Wird von der Preußischen Central-Genossenschafts-Kasse ausgefüllt:

Mithin Zugang: ....

„ Abgang: ....

Allgemeine Verfügung vom 18. Mai 1898,
betreffend die der Preußischen Central-Genossenschafts-Kasse zu machenden Mittheilungen über die Zahl der Genossen und der Geschäftsantheile.
(Justiz-Ministerial-Blatt vom 27. Mai 1898.)

Die Preußische Central-Genossenschafts-Kasse bedarf zur Kontrole der Creditgewährung bezüglich der einzelnen Genossenschaften des Nachweises der Zahl der Genossen und bei Genossenschaften mit beschränkter Haftpflicht auch der Zahl der Geschäftsantheile. Um das mit der Ertheilung vollständiger Abschriften der Liste der Genossen verbundene Schreibwerk zu vermeiden, soll zur Erlangung jenes Nachweises — auf welchen übrigens für Genossenschaften mit mehr als 500 Mitgliedern verzichtet ist — das folgende Verfahren unter Benutzung der nachstehend abgedruckten Muster G. und H. eingeschlagen werden:

1. Die Genossenschaft stellt bei dem Amtsgericht den Antrag auf Ertheilung einer Auskunft unter Einstellung der erforderlichen Zahlen in das dafür bestimmte Muster.

2. Der Gerichtsschreiber vergleicht diese Zahlen mit der Liste der Genossen, berichtigt sie erforderlichenfalls und bescheinigt die Richtigkeit durch seine Namensunterschrift.
3. Die Auskunft wird sodann von dem Amtsgericht der Preußischen Central-Genossenschafts-Kasse unmittelbar frankirt eingereicht.
4. Stempel und Schreibgebühren kommen nicht zum Ansatz.

Berlin, den 18. Mai 1898.

Der Justizminister.

gez. Schönstedt.

I 3238.

An

die Preußische Central-Genossenschafts-Kasse

Berlin N.W.,
Dorotheenstraße 42.

Provinz: ....

Kreis: ....

Muster **H.**
(§ 44a d. Best.)
Beschränkte Haftpflicht.

Landgericht:

Amtsgericht: ....

Nr. des Genossenschaftsregisters:

....

Firma der Verbandskasse, welcher die Genossenschaft angehört:

Firma und Sitz der Genossenschaft:

Das Königliche Amtsgericht ersuchen wir auf Veranlassung der Preußischen Central-Genossenschafts-Kasse, dieser Kasse über die Zahl unserer Genossen und über die Zahl ihrer Geschäftsantheile hierunter in Gemäßheit der Allgemeinen Verfügung des Justizministers vom 18. Mai 1898 (Just.-Min.-Bl. S. 112) Auskunft zu ertheilen.

.........................., den ......ten.................. 189..

(Firma der Genossenschaft:)

....

An
das Königliche Amtsgericht
in

....

In der Liste der Genossen für die vorstehende Genossenschaft waren eingetragen:

am 1. Januar 189 ... Mitglieder ....
mit Geschäftsantheilen ....*)

am 31. Dezember 189 ... Mitglieder ......
mit Geschäftsantheilen ....*)

.........................., den ......ten.................... 189...

Gerichtsschreiber des Königlichen Amtsgerichts.

Königliches Amtsgericht.

.........................., den ......ten.. 189.

Urschriftlich an

die Preußische Central-Genossenschafts-Kasse
in
Berlin N.W.,
Dorotheenstraße 42.

....

*) Diese Zahlen sind vor der Einreichung an das Amtsgericht von der Genossenschaft auszufüllen.

Wird von der Preußischen Central-Genossenschafts-Kasse ausgefüllt:

Mithin:

Mitglieder Zugang: ....

Abgang: ....

Geschäftsantheile Zugang:

Abgang: ....

Allgemeine Verfügung vom 18. Mai 1898, betreffend die der Preußischen Central-Genossenschafts-Kasse zu machenden Mittheilungen über die Zahl der Genossen und der Geschäftsantheile. (Justiz-Ministerial-Blatt vom 27. Mai 1898.)

Die Preußische Central-Genossenschafts-Kasse bedarf zur Kontrole der Creditgewährung bezüglich der einzelnen Genossenschaften des Nachweises der Zahl der Genossen und bei Genossenschaften mit beschränkter Haftpflicht auch der Zahl der Geschäftsantheile. Um das mit der Ertheilung vollständiger Abschriften der Liste der Genossen verbundene Schreibwerk zu vermeiden, soll zur Erlangung jenes Nachweises — auf welchen übrigens für Genossenschaften mit mehr als 500 Mitgliedern verzichtet ist — das folgende Verfahren unter Benutzung der nachstehend abgedruckten Muster G. und H. eingeschlagen werden:

1. Die Genossenschaft stellt bei dem Amtsgericht den Antrag auf Ertheilung einer Auskunft unter Einstellung der erforderlichen Zahlen in das dafür bestimmte Muster.
2. Der Gerichtsschreiber vergleicht diese Zahlen mit der Liste der Genossen, berichtigt sie erforderlichenfalls und bescheinigt die Richtigkeit durch seine Namensunterschrift.
3. Die Auskunft wird sodann von dem Amtsgericht der Preußischen Central-Genossenschafts-Kasse unmittelbar frankirt eingereicht.
4. Stempel und Schreibgebühren kommen nicht zum Ansatz.

Berlin, den 18. Mai 1898.

Der Justizminister.

gez. Schönstedt.

I 3238.

An

die Preußische Central-Genossenschafts-Kasse

Berlin N.W.,

Dorotheenstraße 42.

Muster J.
(§ 44 d. Best.)

Firma der Verbandskasse:

Uebersicht

des Geschäftsverkehrs mit den angeschlossenen Genossenschaften

in dem halben Jahre vom   bis

Firma der Genossenschaft	Beim Beginn des Halbjahres bei der Verbandskasse		Im Laufe des Halbjahres im Ganzen bei der Verbandskasse		Am Schlusse des Halbjahres bei der Verbandskasse		
	Guthaben	Schuld	entnommen	eingezahlt	Guthaben	Schuld	

Muster
zur Ausschließlichkeits-Erklärung.

Wir verpflichten uns hierdurch ausdrücklich, daß wir außer aus dem Verkehr mit unseren Genossen und aus Spareinlagen nur von der Preußischen Central-Genossenschaftskasse in Berlin unsere Betriebsmittel beziehen werden.

den ....ten......

Muster
zum Zugeständniß der Buchkasse.

Wir übertragen hiermit der Preußischen Central-Genossenschafts-Kasse unsere gesammte Kassenführung und werden selbst nur eine sogenannte Buchkasse führen. Einen Kassenverkehr in mäßigem Umfange für lokale Bedürfnisse behalten wir uns vor, erklären uns aber bereit, eine Uebersicht über diesen lokalen Kassenverkehr auf Verlangen mitzutheilen.

.... den ....ten

Anlagen.

I.

Der Finanz-Minister.
J.-Nr. II. 6320.
I. 7606.

Berlin, den 15. Juni 1897.

Die Königliche Regierung erhält anbei die Eingabe der ländlichen Central-Kasse in Münster vom 26. April d. J. mit Bezug auf den an den Herrn Ober-Präsidenten daselbst erstatteten Bericht vom 12. Mai er.

Ihren Ausführungen wird darin beigetreten, daß der ländlichen Central-Kasse in Münster, sowie den derselben angeschlossenen Genossenschaften auch die Steuerbeträge der einzelnen Mitglieder nur mitgetheilt werden können, wenn die ausdrückliche Einwilligung der betreffenden Steuerpflichtigen dazu in zweifelsfreier Form vorliegt.

Anscheinend bezweckt aber der vorliegende Antrag gar nicht die gesonderte Angabe der Steuersätze für jedes einzelne Mitglied, sondern nur die Mittheilung der Gesammtsumme einerseits an Einkommensteuer, andererseits an Ergänzungssteuer, welche von den genau zu bezeichnenden Mitgliedern der Genossenschaft überhaupt zu entrichten ist.

Gegen die Ertheilung einer derartigen Auskunft, welche hinsichtlich der Angehörigen eines jeden Veranlagungsbezirks bei dem Vorsitzenden der betreffenden Veranlagungs-Kommission zu erbitten wäre, sind aus den Vorschriften der §§ 52, 69 des Einkommensteuergesetzes Bedenken nicht herzuleiten, vorausgesetzt, daß nicht etwa im Einzelfalle wegen der geringen Zahl der betheiligten Personen auch aus der Gesammtsteuersumme ein Rückschluß auf die Verhältnisse der einzelnen Steuerpflichtigen möglich ist.

Nach diesen Gesichtspunkten wird mit der ländlichen Central-Kasse dortselbst im Anschluß an die Eingabe vom 26. April d. J. über die Angelegenheit weiter zu verhandeln sein.

Sollte die obige Auffassung über den Zweck der Eingabe zutreffen, so wird die Königliche Regierung ermächtigt, die nachgeordneten Behörden mit den wegen Ertheilung der gewünschten Auskunft erforderlichen Weisungen zu versehen.

In Vertretung:
gez. Meinecke.

An die Königliche Regierung zu Münster.

II.

Der Finanz-Minister.
J.-Nr. II. 7390.

Berlin, den 7. Juli 1897.

Je eine Abschrift der Verfügungen vom 2. November v. Js. — II. 13833 — an die Provinzial-Genossenschaftskasse in Posen und vom 15. Juni d. Js. — $\frac{\text{II. 6320}}{\text{I. 7606}}$ — an die Regierung in Münster wird anbei zur Kenntnißnahme mit dem Bemerken übersandt, daß es hier kein Bedenken findet, auf entsprechenden Antrag der Centralkassen und der ihnen angeschlossenen Genossenschaften in gleicher Weise zu verfahren.

Die weiter beigeschlossene Ausfertigung der gegenwärtigen Verfügung mit den beiden Anlagen ist an den Herrn Vorsitzenden der dortigen Einkommensteuer-Berufungskommission abzugeben.

gez. von Miquel.

An die Königlichen Regierungen — mit Ausnahme von Münster und Sigmaringen — und an die Königliche Direktion für die Verwaltung der direkten Steuern in Berlin.

III.

Der Finanz-Minister.
J.-Nr. II. 13833.

Berlin, den 2. November 1896.

Die in der gefälligen Eingabe vom 21. v. Mts. gestellten Anträge sehe ich als erledigt an, nachdem der Herr Vorsitzende der Einkommensteuer-Berufungskommission zu Posen nach dem mir erstatteten Berichte inzwischen die Vorsitzenden der Einkommensteuer-Veranlagungskommissionen angewiesen hat, der Provinzial-Genossenschaftskasse und den Spar- und Darlehnskassen des Regierungsbezirks die Merkmale der Einkommen- und Ergänzungssteuer-Veranlagung behufs Prüfung der Kreditfähigkeit unmittelbar mitzutheilen, sofern die ausdrückliche Einwilligung der betreffenden Steuerpflichtigen dazu in zweifelsfreier Form vorliegt.

gez. von Miquel.

An die Provinzial-Genossenschaftskasse
für Posen

zu Posen.

Muster einer Erklärung zu III.

, den .... 18..

$\frac{\text{Wir die}}{\text{Ich das}}$ unterzeichnete..... Mitglied der (Firma der Genossenschaft:) ....

geben hiermit die ausdrückliche Erlaubniß, daß sowohl dem Vorstande der obengenannten Kasse wie auch dem Vorstande der (Name der Verbandskasse) ....

seitens der Königlichen Behörden wie Kommunalbehörden jede nur gewünschte Auskunft über $\frac{\text{unsere}}{\text{meine}}$ Steuer- und Abgaben-Verhältnisse als auch über diejenigen Einkommenverhältnisse, welche bei Gelegenheit der Steuerveranlagung zur Kenntniß obengenannter Behörden gelangen, ertheilt werden darf.

IV.

(vergl. Muster E.)

Der Finanz-Minister. Berlin, den 8. Januar 1898.
J.-Nr. II. 13357.

Erwiderung auf die Berichte vom 21. und 30. v. M.
— Nr. 35824. 35867 II. —

Es findet hier kein Bedenken, daß die Bescheinigungen der Vorsitzenden der Veranlagungskommissionen über die Veranlagung von Genossenschaftsmitgliedern zur Ergänzungssteuer durch einen nach dem überreichten Muster aufgestellten, von den betheiligten Personen mitzuzeichnenden Antrag eingeholt werden.

gez. von Miquel.

An den Präsidenten
der Preußischen Central-Genossenschafts-Kasse
Herrn Freiherrn von Huene
Hochwohlgeboren hier.

Erläuterungen

zu den Bestimmungen Seite 18—36.

Vorbemerkung.

Die nachstehenden Erläuterungen haben den Zweck, in gemeinverständlicher Weise darzulegen, wie die Bestimmungen über den Geschäftsverkehr der Preußischen Central-Genossenschafts-Kasse mit den Verbandskassen aus der Einrichtung der Preußischen Central-Genossenschafts-Kasse als eines mit Staatsmitteln, d. h. aus den Mitteln der Steuerzahler ausgestatteten Instituts, welches zur Förderung des Genossenschaftswesens errichtet ist, sich als berechtigt und zweckentsprechend ergeben.

Sollte das Genossenschaftswesen in seiner Entwickelung gefördert werden, so kam es vor Allem darauf an, für die zu gewährenden Kredite nicht ein bei den kreditsuchenden Genossenschaften bereits vorhandenes und verfügbares Vermögen als Unterlage zu nehmen, sondern die Kreditfähigkeit, welche durch den Zusammenschluß der Genossen, durch die Uebernahme der Verpflichtung zu bestimmten Leistungen gegenüber der Genossenschaft entsteht. Die Anerkennung der Haftsummen als Unterlage für die Kreditgewährung ist der Grundsatz, welcher schon früher allerdings an einzelnen Stellen zur Anwendung gebracht, in seiner Allgemeinheit aber erst von der Preußischen Central-Genossenschafts-Kasse durchgeführt ist und die Kreditfähigkeit einer Genossenschaft in dem Augenblicke wirksam werden läßt, in welchem die gerichtliche Eintragung der Genossenschaft erfolgt ist. Voraussetzung muß aber unbedingt sein, daß die Haftsummen auch vertretbar sind und daß die Genossenschaften alle diejenigen Unterlagen beibringen, welche zum Beweise dieser Vertretbarkeit nöthig sind. Es muß die Preußische Central-Genossenschafts-Kasse ferner sich dabei zum Grundsatze machen, daß nicht durch ihre Einrichtungen eine Uebernahme von Verpflichtungen seitens der Genossen ermöglicht wird, welche, wenn sie einmal, z. B. bei einem Konkurse, zur wirklichen Leistung führen sollte, den wirthschaftlichen Zusammenbruch auch der einzelnen Genossen nach sich ziehen müßte. Die Preußische Central-Genossenschafts-Kasse überläßt es der Prüfung aller einsichtsvollen Männer, welche im Genossenschaftsleben stehen, ob die Bestimmungen nicht nach diesen Gesichtspunkten zweckmäßig sich herausgebildet haben; denn sie sind nicht von vornherein theoretisch oder büreaukratisch entworfen, sondern an der Hand der Erfahrung entwickelt. Die Preußische Central-Genossenschafts-Kasse wird aufmerksam die Verhältnisse weiter beobachten und diejenigen Abänderungen nach und nach eintreten lassen, welche sich als zweckmäßig aus den weiteren Erfahrungen ergeben. —

Die Preußische Central-Genossenschafts-Kasse hat so wenig die Aufgabe, die Selbsthülfe zu ersetzen, daß ihre ganze Thätigkeit vielmehr, um ersprießlich zu sein, eine kräftige Selbsthülfe zur nothwendigen Voraussetzung hat. Wohl aber soll die Kasse die Entwickelung und Bethätigung der Selbsthülfe ermöglichen. Sie thut dies durch die Kreditgewährung auf den vorstehend charakterisirten Grundlagen.

Erläuterungen
der
einzelnen Bestimmungen.*)

§ 1.

Der Paragraph weist darauf hin, daß die Bestimmungen nur das enthalten, was schon früher für den Geschäftsverkehr zur Anwendung gelangt war, mit denjenigen Aenderungen, welche sich in diesem Verkehr als nothwendig herausgestellt hatten. Die P. C.=G.=K. hatte kein eigentliches Vorbild für ihre Organisation, es mußte fast Alles neu geschaffen werden. Nicht Alles, was im Anfange als genügend erschien, hatte sich in der Anwendung als genügend herausgestellt. Es fanden sich ferner bei der ersten Geschäftsanknüpfung mit Verbandskassen mancherlei Schwierigkeiten vor. Die Statuten paßten zum Theil nicht zu einer günstigen Ausbildung des Geschäftsbetriebes, es wurden daher mannigfache Ausnahmekredite

*) Für „Preußische Central=Genossenschafts=Kasse" ist nachstehend häufig die Abkürzung „P. C.=G.=K." gebraucht.

gegeben, selbstverständlich mit dem Bestreben nach und nach zutreffende Verhältnisse herbeizuführen. Ein Theil der Verbandskassen ist aus gleichartigen Einzelgenossenschaften gebildet. Hier war von Anfang an die Regelung des Kredites verhältnißmäßig einfach. Andere haben verschiedenartige Genossenschaften als Mitglieder: Darlehnskassen, Molkereien, Ein- und Verkaufsgenossenschaften, Genossenschaften mit beschränkter und solche mit unbeschränkter Haftpflicht nebeneinander. Hier wurden die Dinge schon schwieriger. Wieder andere setzten sich zusammen aus alten Genossenschaften städtischen Charakters mit ausgedehntem bankmäßigen Geschäftsbetrieb, daneben aus ländlichen Darlehnskassen, Winzergenossenschaften, neu gebildeten Handwerkergenossenschaften — bei einer solchen Verbandskasse bestanden eine Zeit lang, um ihr möglichst entgegenzukommen, eine ganze Anzahl verschiedener Arten der Kreditberechnung. Daß solche Verhältnisse auf die Dauer unhaltbar sind, sollte wohl allgemein anerkannt werden. Das Bestreben der Verbandskassen muß es sein, diese Dinge zu vereinfachen und die P. C.-G.-K. ist selbstverständlich bestrebt, was gleichartig behandelt werden kann, auch gleichartigen Bedingungen zu unterstellen. Die vorliegenden Bestimmungen gestatten, wie gezeigt werden wird, eine weitgehende Rücksichtnahme auf die Verschiedenartigkeit der Verhältnisse, sie werden dem wirklichen Bedürfnisse vollkommen gerecht, machen allerdings nicht Halt vor Einrichtungen, welche man nur aus Bequemlichkeit nicht ändern will. Die P. C.-G.-K. geht davon aus, daß, wenn sie sich ihrerseits bemüht, die Arbeitsbelastung der Verbandskassen und Genossenschaften nach Möglichkeit zu beschränken, sie wohl darauf rechnen darf, daß man auch ihr in dieser Hinsicht ihre schwierige Aufgabe erleichtert. Dies geschieht insbesondere auch dadurch, daß man sich der von ihr mitgetheilten Muster bedient, wodurch die Bearbeitung der Kreditunterlagen sehr vereinfacht wird. Muß man sich in jedes Formular, welches bei einer oder der anderen Verbandskasse eingeführt wird, erst hineinarbeiten, so macht dies nicht nur viel mehr Arbeit, sondern kostet auch Zeit und die Verbandskassen müssen auf die Festsetzung der Kredite länger warten. Ein allgemeiner Grundsatz muß aber noch hervorgehoben werden, daß es das Recht und für Verwalter fremder Gelder bezw. von Staatsgeldern die Pflicht derjenigen ist, welche Geld ausleihen, die Bedingungen festzusetzen, unter welchen sie dies thun können; der Darlehnsempfänger hat das Recht sich zu entschließen, ob er unter den gestellten Bedingungen das Geld nehmen will oder nicht, er hat aber kein Recht seinerseits in zwingender Weise Bedingungen zu stellen. Für die P. C.-G.-K. besteht allerdings für ihre Entschließungen die Rücksicht auf die ihr gesetzlich übertragene Aufgabe der Förderung des Genossenschaftswesens. Dieser Aufgabe ist sie sich auch bei der Aufstellung der Bestimmungen durchaus bewußt gewesen, sie bleibt sich dieser Aufgabe auch bewußt in dem Verkehr mit den Verbandskassen.

A. Kreditwesen.

§ 2.

Hier ist nur der Grundsatz ausgesprochen, daß es zur Eröffnung des Kredites eines schriftlichen Antrages bedarf.

1. Unterlagen für den Kredit.

Allgemeines.

Die P. C.-G.-K. ist bei den Bestimmungen über die Kreditunterlagen von dem Grundsatze geleitet worden, daß sie verpflichtet ist, dasjenige zu verlangen, was sie in den Stand setzt, die ihr anvertrauten Staatsgelder unter voller Sicherheit auszuleihen, nicht weniger und nicht mehr. Das Weniger würde uns diese Sicherheit nicht gewähren, das Mehr uns mit einer solchen Fülle von Einzelheiten belasten, daß wir nicht im Stande sein würden, die Arbeitslast in derjenigen Frist zu bewältigen, welche im Interesse der Verbandskassen erwünscht sein muß.

Wenn z. B. die P. C.-G.-K., wie man dies aus den Bestimmungen hat herauslesen wollen, allgemein die Einreichung von Mitgliederlisten der einzelnen Genossenschaften — und dazu noch alljährlich — verlangen wollte, an Stelle der durch die Verbandskassen bezw. der durch Vermittelung der Gerichte einzureichenden summarischen Nachweise, so würde dies eine zwecklose Belästigung mit Arbeit herbeiführen.

§ 3.

Hier wird entsprechend dem Grundsatze, daß die Verschiedenartigkeit der Organisation die nothwendige Berücksichtigung zu finden hat, getheilt zwischen solchen Verbandskassen, welche als Genossenschaften und solchen, welche als Aktiengesellschaften gebildet sind. Erst seit dem Genossenschafts-Gesetz von 1889 ist die genossenschaftliche Form für Vereinigungen von Genossenschaften gesetzlich möglich, es haben daher die älteren Vereinigungen sich als Aktiengesellschaften gebildet; es bestehen unter den uns angeschlossenen Verbandskassen vier als Aktiengesellschaften. Der Kredit für diese richtet sich nach dem Aktienkapital. Für sie sind daher die nachstehenden Bestimmungen für die Kreditbemessung nicht maßgebend; nur wo sie den Kredit z. B. bei Spezialsicherheiten auf den Kredit der einzelnen Genossenschaften aufbauen wollen, werden diese dieselben Unterlagen zu schaffen haben, wie andere Genossenschaften. Für die Verbandskassen, welche Genossenschaften sind, hat die P. C.-G.-K. allgemein und durch den ganzen Kreditaufbau hindurch die Haftsummen als Unterlagen für den Kredit anerkannt. Schon früher war es einzelnen Verbandskassen gelungen, auf dieser Unterlage Kredit zu erhalten; allgemein aber, z. B. bei der Reichsbank, ist diese Unterlage noch nicht maßgebend und hierin besteht der eine große Vortheil, welcher durch die P. C.-G.-K.

zur allgemeinen Einführung für den ganzen Bereich ihrer Geschäftsverbindung gelangt ist.

Die gerichtliche Eintragung des Genossen in das Genossenschaftsregister verpflichtet denselben den Statuten der Genossenschaft gemäß, entweder mit seinem ganzen Vermögen — (unbeschränkte Haftpflicht und unbeschränkte Nachschußpflicht) — oder mit einem bestimmten Betrage — (beschränkte Haftpflicht) — für die Verpflichtungen einzutreten, welche die Genossenschaft übernommen hat, ganz gleichgültig, ob er selbst für seine Person Darlehne von der Genossenschaft genommen hat. Für solche Darlehne muß der Einzelne persönlich besonders aufkommen, daneben aber auch noch im Umfange der übernommenen Haftpflicht für die Genossenschaft. — In dem Gesetze vom 31. Juli 1895, durch welches die P. C.-G.-K. ins Leben gerufen wurde, hat diese die Befugniß, nicht etwa die allgemeine bedingungslose Verpflichtung, erhalten, den Vereinigungen von Genossenschaften zinsbare Darlehne zu geben. Voraussetzung ist, daß es Vereinigungen sind, welche „unter ihrem Namen vor Gericht klagen und verklagt werden können.“ Sind diese Vereinigungen genossenschaftlich organisirt, so gilt für die als Mitglieder der Vereinigungen im Genossenschaftsregister gerichtlich eingetragenen Genossenschaften dasselbe, was vorstehend von den Einzelpersonen gesagt ist. Auch hier kann beschränkte oder unbeschränkte Haftpflicht vorkommen. Das Gesetz spricht nur von Vereinigungen von Genossenschaften. Es ist von der P. C.-G.-K. in der Praxis auch mit solchen Vereinigungen Geschäftsverbindung eingegangen worden, welche neben den Genossenschaften auch Einzelpersonen und andere Korporationen als Mitglieder haben. Es ist der Beitritt solcher Einzelpersonen nöthig, welche als Vorstandsmitglieder zum Beitritt verpflichtet sind, ohne aber Kreditansprüche zu machen, im Uebrigen ist der Beitritt von Einzelpersonen zu Verbandskassen mit denselben Rechten wie ganze Genossenschaften nicht erwünscht. Wenn ferner z. B. landräthliche Kreise als solche beitreten, so kann dies nur dann richtig sein, wenn dieselben selbst auf Kreditgewährung keinen Anspruch machen und nur die genossenschaftliche Vereinigung durch ihre Kreditfähigkeit fördern wollen. Es würde sonst Konsequenzen nach sich ziehen, die nicht zu übersehen sind. Jedenfalls können nur physische oder juristische Personen Mitglieder sein, nicht beliebige andere Vereine.

Die von den Genossenschaften bei der Verbandskasse übernommenen Verpflichtungen für den allgemeinen Kredit sind als solche einklagbar.

Diejenigen Beträge, welche die Genossenschaft von der Verbandskasse als Darlehne übernimmt, begründen einen besonderen Anspruch der Verbandskasse auf Rückzahlung des Darlehns, ganz unabhängig davon haftet die Einzelgenossenschaft für die Verpflichtungen, welche die Verbandskasse als solche bei Anderen, z. B. bei der P. C.-G.-K., eingegangen ist.

Aus Korrespondenzen und persönlichen Rücksprachen ist zu entnehmen, daß über das Verhältniß des von der P. C.-G.-K. gewährten Kredits zu dem Kredit, welchen die Verbandskasse den einzelnen Genossenschaften und die Genossenschaften endlich den einzelnen Genossen gewähren, vielfach irrthümliche Anschauungen verbreitet sind. Es wird daher im Anschlusse an die vorstehenden Auseinandersetzungen hierauf noch kurz einzugehen sein. Die schwierigen Verhältnisse der Landwirthschaft und des Handwerkerstandes, allgemein ausgedrückt des Mittelstandes, drängen mehr und mehr dazu, auf dem Wege genossenschaftlichen Zusammenschlusses, durch Vereinigung der Kräfte einen Rückhalt für die Erfüllung der wirthschaftlichen Aufgaben zu erreichen. Indem die Genossenschaft in sich die sonst vereinzelten Kräfte zusammenfügt, bietet sie für den Kredit und für andere gemeinschaftliche, wirthschaftliche Unternehmungen Unterlagen, welche der Einzelne nicht leisten kann. Bei dem Kredit insbesondere beruht die Wirksamkeit, der Erfolg des Zusammenschlusses darauf, daß die Einzelnen nicht jederzeit gleichzeitig in vollem Umfange die Kräfte der Genossenschaft in Anspruch nehmen, sondern daß bald der Eine, bald der Andere Bedarf hat und daß sich nun die Genossenschaft in der Lage befindet, dem Einzelnen vorübergehend Kredite zu gewähren, die auf den gemeinsamen Kräften beruhen. Wie hoch sich die Kreditgewährung im einzelnen gestaltet, ist ein Vorgang im Inneren der einzelnen Genossenschaft. Diese verlangt von ihren Mitgliedern hierbei die erforderlichen Sicherheiten; die von denselben übernommene Haftpflicht spielt dabei in der Regel kaum mit; es werden besondere Unterlagen verschiedener Art gefordert, Bürg=

schaftsscheine, dann Wechsel, wo der Verkehr mit solchen eingeführt ist, u. dergl.

Woher nimmt die Einzelgenossenschaft die Mittel?

Das ganz gesunde Verhältniß wäre es, wenn die Genossenschaft durch Einlagen ihrer Mitglieder, welche gerade Geld zur Verfügung haben, oder durch ihr anvertraute Spareinlagen anderer Leute die Mittel hätte, um den Bedarf zu decken. Dieses Verhältniß ist aber in der Wirklichkeit nicht immer vorhanden. Für den sicheren Geschäftsbetrieb wird daher die Einzelgenossenschaft stets einen Rückhalt an einem anderen Geldinstitut haben müssen. Es kann vorkommen, daß die Genossenschaft mehr Geld erhält, als sie auszuzahlen hat, dann muß sie Gelegenheit haben, das Geld an eine andere Stelle weiter zu geben, um eine Verzinsung zu erhalten, da sie ja ihrerseits auch Zinsen für dieses Geld geben muß; noch wichtiger aber ist es, daß sie eine Stelle hat, von welcher sie Geld erhalten kann, wenn die augenblicklich vorhandenen Mittel nicht ausreichen, um den Bedarf zu decken. Es ist nun in großem Umfange die Einrichtung verbreitet, daß die Genossenschaften durch Vereinigung untereinander sich solche Centralstellen, durch Vereinigung zu einer Verbandskasse, oder wie man sie sonst bezeichnen will, schaffen.

Diese Vereinigung hat also für die Einzelgenossenschaften dieselbe Aufgabe, wie Einzelgenossenschaften gegenüber den einzelnen Genossen; sie ist eine Ausgleichsstelle, nach welcher unbenutzt liegende Gelder der Genossenschaften eingesandt werden, während bei Geldbedarf die Genossenschaften von diesen Verbandskassen Geld erhalten können. Auch hier wird sich das Darlehn, welches die Genossenschaft im einzelnen Falle giebt, auf gewisse Unterlagen stützen müssen. Es wird allerdings hierbei die Haftpflicht, welche die Einzelgenossenschaft bei der Verbandskasse übernommen hat, wesentlich mit in Betracht kommen, aber durchaus nicht allein für die Höhe des Darlehns entscheidend sein. Die Einzelgenossenschaft wird das einzelne Darlehn auch noch auf andere Weise sicher stellen können bezw. müssen, auch wird die Gewährung der Höhe noch von den verfügbaren Mitteln der Verbandskasse abhängen. Wie diese aber den Einzelgenossenschaften gegenüber, so übernimmt nun der Verbandskasse gegenüber die P. C.-G.-K. die Bereitstellung der erforderlichen Mittel, sofern sie in der Verbandskasse nicht vorhanden sind, ebenso wie sie die bei der Verbandskasse zeitweise unverwendbaren Mittel zur Verzinsung übernimmt. Ueberall da, wo in solcher Weise zuerst die Einzelgenossenschaft vor Allem sich bemüht, möglichst aus eigenen Kräften der Genossenschaft oder aus Spareinlagen, die auf dem Vertrauen der Bevölkerung zur örtlichen Spar- und Darlehnskasse beruhen, sich Mittel zu schaffen, wo sodann die Verbandskasse durch angemessene Einzahlung der Geschäftsantheile materiell gestützt wird und wiederum durch die Rückläufe seitens der Genossenschaften die Betriebsmittel möglichst flüssig erhält, wird das schließliche Eintreten des Kredits bei der P. C.-G.-K. stets ausreichen und die Leistungsfähigkeit der Genossenschaften in ersprießlichster Weise sicher stellen. Wo aber die Genossenschaften sich glauben bilden zu sollen ausschließlich in der Voraussetzung, daß ihnen die Betriebsmittel durch Vermittelung einer zu diesem Zwecke gebildeten Verbandskasse durch die P. C.-G.-K. zufließen werden, statt daß man sich in gesunder, genossenschaftlicher Art, wie vorstehend dargestellt, zusammenschließt, da kann eine gedeihliche Entwickelung nicht erwartet werden. Die Gegner der P. C.-G.-K. erwecken den Anschein, als ob solche krankhafte Genossenschaftsbildung von der P. C.-G.-K. begünstigt, wenigstens ermöglicht würde. Das erstere ist jedenfalls unrichtig, die P. C.-G.-K. wehrt sich gegen solche ungesunde Bildungen, schließt aber grundsätzlich keine Verbandskasse aus, wenn sie alle Bedingungen zum Geschäftsverkehr erfüllt, selbst dann, wenn die Bildung an sich gegen den Rath der P. C.-G.-K. stattgefunden hat. In einem Falle hat die P. C.-G.-K. einer solchen Verbandskasse wegen der im Geschäftsverkehr hervorgetretenen Uebelstände, vor allen Dingen wegen Ausbleibens jeglicher Rückzahlungen, den Geschäftsverkehr gekündigt und damit die Liquidation veranlaßt. Man ist bemüht, diese so einzurichten, daß der Uebergang der sonst guten Genossenschaften an einen größeren Verband zur Durchführung kommt, auf welchen die P. C.-G.-K. von Anfang an hingewiesen hatte.

Damit die Haftsummen als Unterlage für den Kredit dienen können, muß die gerichtliche Eintragung der Mitglieder der Genossenschaften stattgefunden haben und zwar bei Genossenschaften mit beschränkter Haftpflicht auch die

Anzahl der übernommenen Geschäftsantheile und der Haftsumme, welche jedem Geschäftsantheile entspricht.

Was ist nun nach den Grundsätzen der P. C.-G.-K. von diesen Haftsummen als vertretbar anzuerkennen?

A. Als Regel gilt, daß nur der zehnte Theil des nachgewiesenen Vermögens einer einzelnen Person als vertretbare Kreditunterlage anzusehen ist. Man wird nicht vergessen, daß es sich hier nicht darum handelt festzustellen, ein wie hohes Darlehn man einer Person geben kann, sondern in welcher Höhe man unter allen Umständen darauf rechnen kann, Jemanden für den Gesammtkredit einer Genossenschaft heranziehen zu können, ohne ihn wirthschaftlich zu schwer zu schädigen. Man denke daran, daß bei einem Konkurse auch solche Genossen beitragen müssen, welche vielleicht nie Geld bei der Genossenschaft geborgt hatten, jedenfalls bei den Gründen des Konkurses ganz unbetheiligt sind. Wird da ein Mann, der 100 000 M. Vermögen besitzt, es nicht schon sehr schwer empfinden, 10 000 M. für Andere zahlen zu sollen? Man wird doch auch nicht unberücksichtigt lassen, daß Geschäftsleute ihr Vermögen auch noch anderweitig engagirt haben können, ohne daß die Genossenschaften oder die P. C.-G.-K. davon unterrichtet ist.

Die P. C.-G.-K. wünscht ihrerseits durch die von ihr gewährten Kredite keine höhere Verpflichtung als den Betrag von $^1/_{10}$ des Vermögens herbeizuführen. Sie sieht aber auch in dieser Beschränkung eine Gewähr dafür, daß sie selbst unter mißlichen sonstigen Verhältnissen noch immer, vielleicht langsam, aber doch sicher zur Rückgewähr der eingeräumten Beträge gelangen wird. Nicht ausgeschlossen ist es aber, daß in einzelnen Fällen, wo einzelne, oder eine Gruppe von Personen, deren Vermögen angemessen ist und bei denen Geschäftskunde vorausgesetzt werden kann, die Bürgschaft übernehmen, mehr wie ein Zehntel als vertretbar zugelassen wird.

Indem man aber im Allgemeinen an dem Zehntel festhält, gestaltet sich das Verhältniß verschieden bei der Anwendung des Grundsatzes auf Genossenschaften mit verschiedener Haftpflicht. Bei unbeschränkter Haftpflicht tritt ein Genosse für den andern mit seinem ganzen Vermögen ein, es entsteht gewissermaßen eine Gesammtverpflichtung aller Vermögen und der zehnte Theil des Gesammtbetrages der Vermögen wird unbedenklich als eintreibbar und damit voll als Kreditunterlage anzusehen sein.

Anders bei der beschränkten Haftpflicht. Hier entsteht nur eine Gesammtheit von Haftsummen, und wenn auch die einzelne Haftsumme dem zehnten Theil des Vermögens des einzelnen Mitgliedes entsprechen soll, so tritt doch nicht wie bei der unbeschränkten Haftpflicht das eine Vermögen für das andere unbeschränkt ein. Wird ein Einzelner durch Vermögensverfall außer Stand gesetzt, auch nur das Zehntel des bei der Kreditfestsetzung vorhanden gewesenen Vermögens zu vertreten, so fällt dieser Genosse mit seiner Haftsumme aus, und Niemand tritt dafür ein.

Es wird daher bei allen Genossenschaften mit beschränkter Haftpflicht, sowohl bei denen, deren Mitglieder einzelne Personen sind, als bei denen, deren Mitglieder Genossenschaften sind, ein Sicherheitsabzug gemacht und zwar mindestens von 1/4 der gesammten Haftsummen; er kann aus Gründen der nicht ausschließlichen und weniger nahen Geschäftsverbindung auch noch höher genommen werden, wie bei §§ 11, 12, 13 erläutert werden wird.

Spezialsicherheiten.

Der Umstand, daß namentlich bei einigen neuen Verbandskassen Genossenschaften von sehr verschiedener Kreditfähigkeit zusammentreten, ohne daß der genossenschaftliche Geist lebendig zu sein pflegt, welcher in der Uebernahme einer den Mitteln entsprechenden Anzahl von Geschäftsantheilen, somit einem davon abhängigen höheren Betrag an Haftsummen, seinen Ausdruck finden würde, hat die P. C.-G.-K. veranlaßt, wenn auch nicht gern, die Kreditgewährung auf sogenannte Spezialsicherheiten auszudehnen. Die leistungsfähigen Genossenschaften geben zur Verstärkung des Kredits der Verbandskasse bei der P. C.-G.-K. Depotwechsel, Bürgschaftsschein. Wie hoch dieselben als vertretbar angenommen werden, wird nach den vorstehend entwickelten Grundsätzen über die Kreditfähigkeit der Genossenschaften festgestellt. Auch Werthpapiere werden als Unterlage angenommen. Es sei nebenbei bemerkt, daß sich solche Einzelgenossenschaften wegen ihrer besonderen Leistung gegen Mißbrauch bei den Verbandskassen sicher zu stellen pflegen. — Für die P. C.-G.-K. besteht nur ein Kredit, das ist der Kredit der Verbandskassen, mag derselbe auf den Haftsummen oder auf Spezialsicherheiten beruhen; nur die Verbandskasse hat bei der P. C.-G.-K. ein Conto in Gemäßheit des § 2 des Gesetzes vom 31. Juli 1895, welches die Darlehne nur an die Vereinigungen von Genossenschaften zuläßt.

§§ 4, 5, 6, 7.

Wer die Erläuterung zu §. 3 und die allgemeinen Grundsätze aufmerksam gelesen hat, wird von selbst die Berechtigung der im § 4 geforderten Nachweise anerkennen.

Eine Verbandskasse, welche die Eröffnung eines Kredits bei der P. C.-G.-K. beantragt, hat den Beweis zu erbringen, daß sie kreditfähig ist und bis zu welcher Höhe diese Kreditfähigkeit reicht. Da diese Kreditfähigkeit abhängig ist von derjenigen der angeschlossenen Genossenschaften, so ist eine Liste dieser Genossenschaften d. h. also der Mitglieder der Verbandskasse, nicht aber sind die Listen aller angeschlossenen Genossenschaften einzureichen.

Wo einzelne Personen neben den Genossenschaften Mitglieder der Verbandskasse sind, gehören diese auch in die Liste.

Da nur diejenigen Genossenschaften für

die P. C.-G.-K. zur Kreditunterlage beitragen, welche gerichtlich eingetragen sind und erfahrungsmäßig dies von verschiedenen Verbandskassen nicht beachtet worden ist, so wird die Einsendung der gerichtlichen Bescheinigungen verlangt; bei Genossenschaften mit beschränkter Haftpflicht, was zur Zeit bei allen genossenschaftlich vereinigten Verbandskassen der Fall ist, muß auch noch die Zahl der übernommenen Geschäftsantheile bescheinigt sein. Alle diese Bescheinigungen sind auch für die Verbandskasse selbst nöthig und bedarf es also gar keiner neuen Eingabe, sondern nur der Mittheilung der bei der Verbandskasse vorhandenen gerichtlichen Bescheinigungen an die P. C.-G.-K., welche diese Schriftstücke nach Einsichtnahme und Vermerk in ihren Akten sofort zurücksendet.

Nur die erste beglaubigte Liste, welche allerdings wegen Eintretens erheblicher Veränderungen mit der Zeit einer Erneuerung bedürfen kann, wird zu den Akten der P. C.-G.-K. genommen.

Es ist ferner einzureichen ein von der Verbandskasse aufzustellender Nachweis A. Man wolle sich denselben in der Anlage ansehen, um zu erkennen, wie hier die ganzen Kreditunterlagen nachzusehen und zu prüfen sind.

Die Verbandskassen werden zwar aus ihren Akten schon einen großen Theil der Angaben entnehmen können, aber nicht alle, so daß sie Eingaben von den Einzelgenossenschaften einfordern müssen, wozu die Muster B. C. (§ 4 Nr. 3 und § 5) zu verwenden sind.

Unter der Ueberschrift: „Verhältnisse der Einzelgenossenschaften", Spalte 1 bis 12 einschließlich, sind Angaben zu machen, welche ohne weitere Rückfragen aus den Akten jeder Genossenschaft hervorgehen müssen. Die einzige Schwierigkeit bildet die Frage nach dem Vermögen und nach dem Einkommen der Genossen.

Nachdem in Preußen eine Vermögenssteuer (die sogen. Ergänzungssteuer, welche nach Abzug der Schulden festgestellt wird) besteht und außerdem eine auf Selbstangaben beruhende Einkommensteuer, liegt es sehr nahe, nach diesen Steuern die Nachweise aufzustellen; daneben aber kann auch durch besondere Einschätzung das sonst noch vorhandene Vermögen und Einkommen berechnet werden. Soll diese Einschätzung berücksichtigt werden, dann muß im Nachweise kurz mitgetheilt werden, nach welchen Grundsätzen sie erfolgt ist und diejenigen, welche sie angenommen haben, müssen die Angaben verantwortlich unterschreiben. Hauptunterlage bleibt das Vermögen, die anderen Angaben werden zur Ergänzung herangezogen. Das Einkommen ist wechselnd bei dem Einzelnen, und ist auch dadurch im Gesammtbetrage bei der Genossenschaft ein größerer Wechsel vorhanden, als bei den Mitgliedern mit festem Besitze. Es möge noch auf die Bedeutung von Spalte 9 hingewiesen werden. Da nämlich in dem gesammten Einkommen auch dasjenige vom Vermögen einbegriffen ist, also sowohl das Vermögen selbst, als auch das Einkommen aus demselben in den Zahlen enthalten ist, so ist unter Annahme, daß aus dem Vermögen $3^1/_2$ Prozent Einkommen herrühren, dieser Betrag in Abzug gebracht, um eine doppelte Bewerthung derselben Unterlage zu vermeiden.

Wie kommt man aber zur Kenntniß vom Vermögen und Einkommen, soweit dies zur Unterlage für den Kredit nöthig ist? Wir müssen hier unterscheiden zwischen dem Verfahren bei unbeschränkter Haftpflicht und dem bei beschränkter Haftpflicht.

Bei unbeschränkter Haftpflicht gebraucht man nur die gesammte Summe des vorhandenen Vermögens bezw. Einkommens, denn ein Vermögen und ein Einkommen tritt für das andere ein. Zur Ermittelung dieser Gesammtzahlen ist nur erforderlich, die Mitgliederliste, die doch bei jeder Genossenschaft vorhanden sein muß, an den Vorsitzenden der Veranlagungskommission, in dessen Bezirk die Genossenschaft ihren Sitz hat, einzuschicken. Da der Brief auf Muster D abgedruckt ist, so hat der Vorstand der Genossenschaft nur diejenigen Angaben auszufüllen, welche selbstverständlich bei den Genossenschaften verschieden sind und die Liste mit dem Brief zusammen abzugeben oder einzusenden. Nach den Verfügungen des Herrn Finanzministers vom 16. Juni 1897 und vom 7. Juli 1897 wird der Vorsitzende der Veranlagungskommission die Bescheinigung auf der Rückseite von Muster D ausfüllen. Bemerkt wird, daß auch in dem vorgedruckten Antwortschreiben der Vorstand der Genossenschaft auszufüllen hat, was er nach seiner Wissenschaft ausfüllen kann, so daß der Vorsitzende der Veranlagungskommission nur die Summe der Steuern und das Datum einträgt und die Unterschrift leistet. So gelangt das Muster D an die Verbandskasse, welche ein großes Interesse daran hat, die Angaben zu erfahren und zur Aufstellung des Nachweises A zu benutzen. Die Liste wird die Verbandskasse an die Einzelgenossenschaft zurückreichen. Das Muster D mit dem Muster B, auf welchem die Ergänzungssteuer- und Einkommensteuerbeträge von der Verbandskasse nachgetragen werden, nebst dem Muster A werden an die P. C.-G.-K. übersandt. Will die Verbandskasse, weil das Vermögen rc. zur Unterlage in der von der Verbandskasse gewünschten Weise nicht ausreicht, noch Schätzungen veranlassen, so bleibt dies überlassen. Die P. C.-G.-K. ihrerseits verlangt die Ausfüllung der Nr. 7b und 8b auf Muster B und die Ausfüllung der Spalten 7b und 8b auf Muster A nicht.

Für die Genossenschaften mit beschränkter Haftpflicht wird der Nachweis überall da, wo eine Mindestgrenze der übernommenen Haftsummen überschritten wird, schwieriger, weil hier kein Mitglied für das andere verpflichtet ist, jedes nur im Umfange der übernommenen Haftsumme für die Verpflichtung der Genossenschaft eintritt. Hier kommt die Kreditfähigkeit der einzelnen Mitglieder in Betracht. Die P. C.-G.-K.

hat es sich bei ihren Bestimmungen zur Aufgabe gestellt, auch hier nur das zu verlangen, was zur Kreditunterlage für sie zu wissen unbedingt nöthig ist. Man beachte das Muster „C". Während auf der Vorderseite nur die Angaben zu machen sind, welche aus den Statuten und Listen der Genossenschaft unmittelbar zu entnehmen sind, giebt die Rückseite eine kurze Anweisung zur Beibringung des Kreditfähigkeits-Nachweises. Nr. I weist auf den schon früher dargelegten Grundsatz hin, daß bei allen Berechnungen der zehnte Theil des Vermögens als vertretbar nachzuweisen ist. Nr. II verlangt, daß in den Fällen, in welchen ein einzelnes Mitglied mehr als 300 Mark Haftsumme vertreten soll, ein Nachweis über die Fähigkeit erbracht ist. Das heißt also, daß die P C.-G.-K. in weitem Entgegenkommen annehmen will, daß jedes Mitglied 10 × 300 = 3000 M. Vermögen habe. Nur in den Fällen, wo entweder die einzelne Haftsumme schon 300 M. überschreitet, oder in welchen ein Einzelner mehrere Geschäftsantheile und damit mehrere Haftsummen übernommen hat, ist ein Nachweis zu erbringen. Nr. IIb erklärt diesen Nachweis für erbracht, wenn der Vorstand der Genossenschaft durch seine, allerdings dann verantwortliche, Unterschrift bescheinigt, daß die Mitglieder, bei welchen mehr als 3000 M. Vermögen zur Vertretung der Haftsummen vorhanden sein muß, dies Vermögen nach Angabe der dem Vorstande vorgezeigten Steuereinschätzungen oder Steuerzettel besitzen. Eine Verantwortung für die Richtigkeit der Steuerveranlagung übernimmt der Vorstand natürlich nicht, sondern nur die Verantwortlichkeit für die Thatsache der richtigen Bekundung aus dem Steuerzettel. Bei diesem Verfahren handelt es sich nur darum, daß die Mitglieder einer Genossenschaft den von ihnen erwählten Vertrauensmännern des Vorstandes so weit einen Einblick in ihre Verhältnisse gestatten, daß die Erklärung abgegeben werden kann. Die P. C.-G.-K. hat gar kein Verlangen mehr zu erfahren.

Ein Beispiel wird die Sache erläutern. Angenommen, eine Genossenschaft hat 20 Mitglieder, welche zusammen 30 Geschäftsantheile übernommen haben. Es wird dann folgende Bescheinigung genügen:

Mehr als 1 Geschäftsantheil zu 300 M. Haftsumme haben übernommen:

6 Mitglieder mit 16 Geschäftsantheilen, davon vertretbar . . . 11
14 Mitglieder zu je 1 Geschäftsantheil . . . . = 14
zusammen 25
Geschäftsantheile zu 300 M. Haftsumme . . . . . . = 7500 M.

Wenn aber die Haftsumme, welche einem einzelnen Geschäftsantheile entspricht, mehr als 300 M. beträgt, also z. B. 400 M., so würde zu bescheinigen sein:

Mehr als einen Geschäftsantheil haben übernommen:

6 Mitglieder mit 16 Geschäftsantheilen, davon vertretbar . . . 11
von den übrigen 14 Mitgliedern können 400 M. vertreten 8 . . 8
zusammen Geschäftsantheile 19
zu 400 M. Haftsumme . . = 4600 M.
Weiter noch 6 Mitglieder
zu 300 M. . . . . = 1800 M.
zusammen 6400 M.

Für die Fälle, in welchen Personen bei mehreren Genossenschaften Antheile übernommen haben, würde eine genügende Auskunft nach Nr. IIa durch Ausfüllung des Musters E gegeben sein. Endlich wird noch (II c) die Möglichkeit gegeben, auf andere glaubhafte Art die Vertretbarkeit nachzuweisen. Wenn z. B in einer Genossenschaft die Betheiligung mit Geschäftsantheilen abhängig gemacht ist von den Steuern, so daß das Ergebniß mit den Anforderungen der P. C.-G.-K. im Wesentlichen zusammentrifft, so kann der Nachweis durch Bezugnahme hierauf und auf Grund der gerichtlich eingetragenen Geschäftsantheile als erbracht angesehen werden. Selbstverständlich muß im einzelnen Falle geprüft werden, ob dies zutrifft. Es könnte ferner auch vorkommen, daß einzelne landeskundig reiche Leute, um die Genossenschaftssache zu unterstützen, beitreten und einige Geschäftsantheile übernehmen, die im Vergleich mit ihrem Vermögen ganz geringfügig sind und derentwegen sie dem Vorstand der Genossenschaft keinen Einblick in ihre Vermögensverhältnisse zu geben geneigt sind. Hier würde die Aufführung solcher Persönlichkeiten mit Angabe der von ihnen übernommenen Geschäftsantheile ausreichen. Bei jedem Verfahren nach Nr. II c können allerdings Rückfragen nöthig werden, um der P. C.-G.-K. die Ueberzeugung zu verschaffen, daß die gegebenen Unterlagen ausreichen, um die normalen Nachweise nach Nr. II a und b zu ersetzen. Während bei den letzteren eine gewissermaßen ziffermäßige Unterlage für die Sicherheit besteht, hängt deren Annahme bei Nr. II c von der jedesmaligen pflichtmäßigen Beurtheilung ab

Es ist schon berührt worden, daß durch die Betheiligung derselben Personen bei verschiedenen Genossenschaften Schwierigkeiten für eine zutreffende Beurtheilung der Kreditfähigkeit entstehen. Das Muster E giebt die Möglichkeit, diese Schwierigkeiten zu überwinden und giebt eine zuverlässige Form für die Beurtheilung der Kreditfähigkeit bei Uebernahme von mehr als 300 M. Haftsumme überhaupt. Ausgehend von dem Grundsatz, daß die P. C.-G.-K. von dem Vermögensstande der Einzelpersonen nicht mehr wissen will, als zur Sicherheit für den Kredit nöthig, ist in dem Muster E nur die Bescheinigung durch den Vorsitzenden der Veranlagungskommission gefordert, daß das Vermögen der Mitglieder nach der Ergänzungssteuer mindestens den zehnfachen Betrag der nach den vorstehenden Spalten 4 und 5 im Ganzen übernommenen Verpflichtungen beträgt. Diese Bescheinigung enthält, wenn auch nicht eine Angabe über das ganze Vermögen, so doch über einen Theil desselben. Dem Vorsitzenden der Veranlagungskommission würde daher nicht gestattet sein, eine solche Mittheilung zu machen, wenn nicht die davon betroffenen Personen dies genehmigen. Daher ist ein Antrag dieser Personen auf der Vorderseite des Musters E vorgedruckt. Durch die Unterschrift unter diesen Antrag erhält der Vorsitzende die Ermächtigung zur Ausstellung der auf der letzten Seite des Musters E vorgedruckten Erklärung.

Den Antrag auf die Bescheinigung kann selbstverständlich nur derjenige stellen, der zu dem entsprechenden Vermögen veranlagt ist; die Höhe seiner Veranlagung aber muß doch Jeder wissen. Wer geringeres Vermögen hat, soll den Antrag nicht stellen. Es handelt sich ja nur darum, den Nachweis für diejenigen Personen zu liefern, die größere Haftsummen übernommen haben. Endlich kommen nicht sowohl bei Spar- und Darlehnskassen, als bei Genossenschaften zu gemeinsamem Betriebe von industriellen Unternehmungen Fälle vor, wo die einzelnen Personen sich mit Summen betheiligen, denen gegenüber eine volle Angabe der Vermögensverhältnisse nöthig erscheint. Für solche Fälle ist Muster F vorbehalten.

Für die Bescheinigungen von Muster E und Muster F sind die Verfügungen des Herrn Finanzministers vom 2. November 1896 und vom 8. Januar 1898 maßgebend.

Durch diese Auseinandersetzungen sind die §§ 4, 5, 6 und 7 erledigt; für die Anwendung der Muster E und F ist der § 7 in der von einem Mitgliede des Ausschusses vorgeschlagenen Form aufgenommen.

§ 8.

Der § 8 enthält die Vorschrift darüber, was eintreten soll, wenn die Verbandskasse und die Einzelgenossenschaften die nach den vorhergehenden Paragraphen vorgeschriebenen Nachweise nicht erbringen.

Die P. C.=G.=K. nimmt in der Regel 300 M. von dem Einzelnen als vertretbare Haftsumme an, behält sich aber das Recht vor, bis zu 100 M. herabzugehen, wo nach den wirthschaftlichen Verhältnissen die Vertretbarkeit höherer Beträge ausgeschlossen erscheint. Bisher war nur in vereinzelten Fällen diese Beschränkung geboten.

§ 9.

Die Kreditunterlagen sind übereinstimmend mit § 4 gefordert, wo eine Krediteröffnung beantragt wird und dann, „insofern", d. h. in allen Fällen, in welchen „eine Krediterhöhung" beantragt wird. Die Vermehrung der Genossenschaften oder der Mitglieder derselben ist an sich kein Grund zu einer Einreichung, sondern nur, wenn man auf Grund solcher Vermehrung Erhöhung des Kredits haben will, sind die Unterlagen hierfür einzureichen. Es ist nun aber dringend wünschenswerth, daß nicht, wie das bisher bei manchen Verbandskassen geschah, das ganze Jahr hindurch immer wieder Nachträge kommen, sondern daß die Anträge zu bestimmten Terminen eingereicht werden. Als solche sind der 15. Februar und der 15. August angegeben, da an diesen Terminen auch die Festsetzung des Zinsfußes erfolgt. Bei neuen Kassen sind allerdings wohl Ausnahmen zu machen, das Schlimme ist nur, daß die neuen Kassen sowohl in dieser Beziehung als auch in anderen Fragen, die für den Anfang zu ihrer Förderung und zur Ueberwindung von Schwierigkeiten gemachten Ausnahmen als Regel beizubehalten wünschen und sich sehr unangenehm berührt zeigen, wenn die P. C.-G.-K. sich bemüht, nach und nach den Geschäftsverkehr in die geregelten Bahnen überzuleiten.

Schlußbemerkung zum Abschnitt „Unterlagen für den Kredit."

Man wird finden, daß bei diesem Abschnitte eine Menge Dinge zu beachten sind, und bei oberflächlicher Beurtheilung sind die Bestimmungen wohl als büreaukratisch bezeichnet. Die Mannigfaltigkeit der Bestimmungen rührt aber eben daher, daß nicht büreaukratisch und schablonenhaft verfahren werden soll, sondern daß, wenn auch einige allgemeine Grundsätze festgehalten werden, die Bestimmungen die Berücksichtigung der verschiedenartigsten Verhältnisse zulassen. Verbandskassen und Genossenschaften, die mit dem guten Willen an die Bestimmungen herantreten, dieselben zur Anwendung zu bringen, werden leicht den für sie passenden Weg herausfinden und ohne große Mühe beschreiten können, um der P. C.-G.-K. die nöthigen Unterlagen zur Kreditgewährung zu liefern.

Kreditfestsetzungen.

§ 10.

Nach dem § 2 Nr. 1 des Gesetzes vom 31. Juli 1895 ist die P. C.-G.-K. befugt aber nicht verpflichtet den Vereinigungen von Genossenschaften zinsbare Darlehne zu geben. Die P. C.-G.-K. hat bisher daran festgehalten, allen Verbandskassen, welche den Gesetzen gemäß gebildet sind und Kreditunterlagen einreichen, auch einen Kredit zu eröffnen und so lange in Geschäftsverbindung zu bleiben, bis wichtige Gründe die Auflösung derselben nothwendig machen. Es ist dies bisher in einem einzigen Falle geschehen.

Ein Anspruch auf Kredit aber besteht für die Verbandskassen nicht. Noch weniger besteht ein Anspruch auf eine bestimmte Höhe des Kredits, wenn auch in manchem Schriftwechsel die Verbandskassen ein Recht in dieser Hinsicht in Anspruch zu nehmen scheinen.

Die P. C.-G.-K. kann in „Laufender Rechnung" nicht mehr Kredit versprechen, als ihre Mittel ihr gestatten, da es sich hier erfahrungsgemäß um nicht jederzeit flüssigen Kredit handelt.

Sie kann also genöthigt sein, wenn die Gesammtsumme der nach den Unterlagen möglichen Höchstkredite die Grenze der vom Grundkapital für diese Kredite verfügbaren Summe übersteigt, den Kredit in Laufender Rechnung allen Verbandskassen um einen entsprechenden Betrag zu kürzen und den Kredit in dem gekürzten Umfange nur als flüssig zu machenden Wechselkredit zu gewähren. Auch besondere Verhältnisse einer Verbandskasse können die P. C.-G.-K. veranlassen und sogar im Hinblicke auf ihre Verantwortlichkeit dem Staate gegenüber verpflichten, nicht bis zur Höchstgrenze des Kredites zu gehen.

Die P. C.-G.-K. stellt die Kredite ihren Grundsätzen entsprechend sorgfältig fest. Sie macht nur Mittheilung über den Gesammtkredit, welcher der Verbandskasse eröffnet wird. Sie kann sich aber unmöglich darauf einlassen, nun, wie es ab und zu verlangt wird, Rechenschaft über die Kreditberechnung für jede einzelne Genossenschaft abzulegen.

§ 11.

Die Verbandskassen treten in verschiedenartige bald nähere bald fernere Beziehungen zur P. C.-G.-K. Aus diesen Arten der Beziehungen folgt theils eine größere Sicherheit für die Darlehne, welche die P. C.-G.-K. den Verbandskassen gewährt, theils fließen durch den Verkehr der P. C.-G.-K. mehr oder weniger Mittel zu zur Lösung der Aufgabe, welche das Kreditwesen ihr auferlegt. Die P. C.-G.-K.

hat die Folgen dieser Verschiedenartigkeit durch eine verhältnißmäßig verschiedene Höhe des Kredits zum Ausdruck gebracht.

Die Verbandskassen, soweit sie nicht als Aktiengesellschaften begründet sind, bestehen fast durchweg als Genossenschaften mit beschränkter Haftpflicht, bei welcher jede zugehörige Einzelgenossenschaft nur mit der Summe haftet, welche sie bei der Verbandskasse übernommen hat. Entsteht durch Zahlungsunfähigkeit einer Genossenschaft ein Ausfall, so treten die anderen nur insoweit ein, als die übernommene Haftsumme reicht.

Die P. C.-G.-K. sichert sich daher von vornherein gegen solche Ausfälle, indem sie die nach den früher dargelegten Grundsätzen als vertretbar erscheinenden einzelnen Haftsummen, wo sie zusammengefaßt werden, um den Kredit einer Genossenschaft mit beschränkter Haftpflicht zu begründen, nur nach Abzug eines Sicherheitsabzuges von mindestens 1/4 der Gesammtsumme als Kreditunterlage einstellt. Dasselbe Verfahren kommt auch bei allen Einzelgenossenschaften mit beschränkter Haftpflicht zur Anwendung. Dies ist die günstigste Berechnung, welche überall da eintritt, wo die P. C.-G.-K.

die Zusicherung hat, daß die Verbandskassen (und innerhalb derselben die Genossenschaften) den ihnen aus dem Verkehr mit den eigenen Genossen und aus Spareinlagen nicht zufließenden Geldbedarf ausschließlich durch die P. C.-G.-K. beziehen und wo außerdem die P. C.-G.-K. durch Führung der baaren Kasse der Verbandskasse immer einen fortdauernden Einblick erhält in die Kreditverhältnisse und die Geldbewegung, den Ausgang und Eingang bei den Kassen. Dann aber erhält auch durch die direkten Einzahlungen der Kassen die P. C.-G.-K., wie die Erfahrung dies schon gezeigt hat, einen viel lebendigeren Rücklauf, als wenn dieser sich bei den Verbandskassen erst ansammelt. Es ist in den Bedingungen der P. C.-G.-K. dieses Verhältniß damit bezeichnet, daß solche Verbandskassen die Ausschließlichkeitserklärung abgeben und für sich nur eine Buchkasse halten (siehe Seite 66).

Ueber letztere ist insbesondere zu bemerken, daß bereits vor Errichtung der P. C.-G.-K. einzelne Verbandskassen mit provinziellen oder auch anderen Geldinstituten diejenige Geschäftsverbindung hergestellt hatten, welche man mit dem Namen „Buchkasse" bezeichnen kann. Dieselbe besteht darin, daß die Verbandskasse keine wirkliche Kasse hat, daß sie nicht die von ihren Mitgliedern eingesandten und die an dieselben abgehenden Zahlungen direkt in Geldbeträgen empfängt beziehungsweise zahlt, sondern daß sie für die ganze Geldbewegung die Vermittelung der P. C.-G.-K. herbeiführt.

Die Verbandskasse hat bei der Pr. C.-G.-K. einen Kredit, der nach den in Vorstehendem dargelegten Grundsätzen festgestellt wird. Ueber diesen Kredit kann die Verbandskasse in jeder ihr passenden Art verfügen. — Gehen Geldanforderungen seitens der Mitglieder, insbesondere also seitens der angeschlossenen Genossenschaften ein, so weist sie die P.C.-G.-K. an, die Zahlungen an die Mitglieder zu machen. — Andererseits, wenn die Einzelgenossenschaften Geld unbenutzt liegen haben, senden sie dasselbe nicht an die Verbandskasse, sondern zu Gunsten des Kontos der Verbandskasse an die P. C.-G.-K.

Die Quittungen für die von der P. C.-G.-K. an die Einzelgenossenschaften gemachten Zahlungen werden nicht an die P. C.-G.-K., sondern an die Verbandskassen eingeschickt, wodurch das Verhältniß klar gestellt wird, daß die Einzelgenossenschaften ihren Kredit nicht bei der

P. C.-G.-K., sondern bei den Verbandskassen haben. Ebenso quittirt die P. C.-G.-K. nicht den Einzelgenossenschaften die Geldeinsendungen, sondern der betreffenden Verbandskasse. Durch zweckentsprechende Formulare ist ein glatter Geschäftsgang, sowie die nöthige Kontrolle sicher gestellt.

Diese gesammte Einrichtung hat für die Verbandskassen den großen Vortheil, daß die ganze Verwaltung wesentlich billiger und sicherer wird. Es ist nicht erforderlich, einen Kassenbeamten anzustellen und die für eine Kassenverwaltung erforderlichen Vorsichtsmaßregeln durchzuführen; es genügt ein tüchtiger Buchhalter, der bei kleinen Verbandskassen diese Geschäfte nebenamtlich übernehmen kann. Es wird an Porto gespart, wenn die Gelder nicht erst an die Verbandskasse und dann weiter an ihren Bestimmungsort gesandt werden. Es wird an Zinsen erspart, wenn dieser Umweg vermieden wird.

Die P. C.-G.-K. hat ihrerseits ein Interesse daran, die Geldeinläufe als bald zu erhalten und nicht bei den Verbandskassen erst sich ansammeln zu lassen; sie hat außerdem durch den unmittelbaren Einblick in die Geldbewegung die Kenntniß, ob es sich um gesunde Verhältnisse handelt oder nicht. Bei der Bedeutung, die diese Frage für die Sicherstellung des Kredits hat, und bei dem Vortheil, den die direkte Ueberweisung der Gelder bietet, hat die P. C.-G.-K. die Buchkassen hinsichtlich der Höhe des einzuräumenden Kredits besser gestellt, als die Nichtbuchkassen, und zwar ist dies als Grundsatz bereits bei der ersten Ausschußsitzung im Jahre 1895 mitgetheilt und ohne Widerspruch geblieben.

§ 13.

Statt 1/4 wird 1/3 abgezogen, wo eines der beiden Zugeständnisse nicht gemacht wird, wo also die Vortheile, welche der P. C.-G.-K. durch die Beschränkung der Verbandskassen auf Buchkasse zu Theil werden, wegfallen oder aber, wo die Verbandskasse sich das Recht vorbehält, auf denselben Kreditunterlagen nicht nur bei der P. C.-G.-K., sondern auch bei anderen Geldinstituten und zwar ohne Vorwissen der P. C.-G.-K. Geld zu entnehmen.

Wo aber weder das eine noch das andere Zugeständniß gemacht wird, tritt eine noch etwas geringere Kreditbemessung dadurch ein, daß zwar bei der Berechnung der Kreditfähigkeit der Einzelgenossenschaften nur ein Drittel abgezogen wird, von der Schlußsumme der Verbandskasse indessen nur die Hälfte als Kredit gewährt werden soll. Die Einrichtungen, welche durch die §§ 11 bis 13 getroffen sind, entsprechen dem natürlichen Verhältnisse zwischen Darlehnsgeber und Darlehnsnehmer. Je mehr Sicherheit und je günstigere Bedingungen hinsichtlich der Rückzahlungen dem Darlehnsgeber durch den Darlehnsnehmer gewährt werden, desto höher kann der Kredit bemessen werden.

§ 14.

Die P. C.-G.-K. führt aber die in den §§ 11 bis 13 enthaltenen Bestimmungen nicht ohne Rücksicht auf die Verhältnisse durch, sondern prüft, in wie weit die Verbandskassen ohne Schädigung in der Lage sind, die Bedingungen zu erfüllen. Es haben einzelne Verbandskassen von früher einen nach seiner Höhe beschränkten Kredit bei anderen Geldinstituten oder provinziellen Kassen; hier findet die Kreditfestsetzung unter Abzug der anderweitig aufgenommenen Darlehne statt. Es wird aber die Bedingung der Ausschließlichkeitserklärung als erfüllt angesehen. Bei einer

Anzahl Kassen ist die Einführung der Buchkasse wegen der Art des gesammten Geschäftsbetriebes nicht angängig; wo dies der P. C.-G.-K. nachgewiesen und die Berechtigung hierzu anerkannt wird, behalten solche Verbandskassen dieselbe Höhe des Kredits wie Buchkassen. Es ist also auch hier wieder gesorgt, daß nicht nach Schablone gewirthschaftet wird und namentlich werden die Ausnahmen gemacht bei Neubildungen, bei welchen die Geschäftsgebahrung noch nicht endgültig feststeht.

Allgemein zu §§ 11—14.

Es muß aber im Allgemeinen betont werden, daß außer einer etwas geringeren Bemessung des Kredits, deren Berechtigung hinreichend nachgewiesen sein dürfte, im übrigen Geschäftsverhältniß zwischen Kassen mit Buchkasse oder ohne solche, mit Ausschließlichkeitserklärung oder ohne solche, keinerlei Unterschied, namentlich auch nicht hinsichtlich des Zinsfußes gemacht wird.

§§ 15—18.

Diese Paragraphen bedürfen keiner näheren Erörterung. Es ist im § 17 auch darauf hingewiesen, daß die Kreditfestsetzungen, außer bei der ersten Eröffnung eines Kredits, nur zwei mal im Jahre vorgenommen werden sollen. Die Ausnahmen hiervon sind leider bis jetzt noch in zahlreichen Fällen in Anspruch genommen. Bei ganz neuen Kassen kommt die P. C.-G.-K. auch gern entgegen, muß aber doch den dringenden Wunsch, sowohl hinsichtlich der Arbeitslast als auch mit Rücksicht auf die Gelddispositionen, haben, daß nicht fortwährend Anträge auf Erhöhungen und damit Aenderungen in der Höhe der Ansprüche hervortreten.

Form des Kredits.

§ 19.

Es kommen zwei Formen des Kredits in Anwendung, Kredit in Laufender Rechnung und Wechselkredit. Für beide Arten werden die Unterlagen nach den §§ 3 bis 9 zu schaffen sein. Es wird die Festsetzung im Allgemeinen nach den §§ 10 bis 18 stattzufinden haben; nur mit dem Unterschiede, daß bei Wechselkredit die Unterlagen nach Umständen in höherem Procentsatz berücksichtigt werden können, als bei der „Laufenden Rechnung". Es handelt sich um die Prüfung der Sicherheit im einzelnen Falle.

Man wolle nicht vergessen, daß es sich, abgesehen von den Genossenschaften, die selbst den Wechsel im Verkehr mit ihren Kunden durchführen, von Seiten der P. C.-G.-K. nicht handelt um Wechsel von Einzelpersonen, sondern um solche, welche von Verbandskassen ausgestellt und von Genossenschaften acceptirt sind, mit der Bestimmung, die Kreditfähigkeit der letzteren auf diesem Wege im Interesse der Verbandskasse zu benutzen. Es kann also auf diese Weise dieser Kredit vorübergehend erweitert werden über den Haftsummenkredit hinaus. Wenn gewünscht worden ist, die Wechselform möge nicht in Anwendung gebracht werden, um ein größeres Kreditbedürfniß zu befriedigen, so liegt die Erfüllung dieses Wunsches jedenfalls nicht im Interesse der Genossenschaften. Es kann z. B. vorkommen, daß im Laufe des Jahres, nachdem die P. C.-G.-K. die halbjährliche Kreditnormirung nach Maßgabe der verfügbaren Mittel vorgenommen hat, bei einer Verbandskasse durch Hinzutritt weiterer Genossenschaften Kreditbedürfniß und Kreditfähigkeit wächst. Da würde, wenn auch ein höherer Kredit in „Laufender Rechnung" nicht möglich wäre, immerhin ein Wechselkredit noch möglich sein. Wechselkredit wird dann noch immer besser sein, wie kein Kredit und auch der Zinssatz zum Bankdiskont ohne Provision bietet einen Zinssatz, mit welchem sich andere Geldinstitute nicht werden zufrieden stellen. Ueberhaupt wolle man bedenken, daß da, wo neben dem Kredit in laufender Rechnung ein Wechselkredit gewährt wird, der Durchschnittszinssatz aus beiden Kreditarten immer noch ein sehr mäßiger sein wird. Es muß z. B. auch darauf hingewiesen werden, daß bei den Genossenschaften, welche kaufmännische Betriebe zum Gegenstand haben, der Wechsel im Verkehr garnicht wird vermieden werden können, daß aber gerade hier die angegebenen Zinsbedingungen, d. h. Bankdiskont ohne Provision oder Zuschlag, günstig sind und im Geschäftsbetrieb unschwer aufgebracht werden können.

§ 20.

Wo Spezialsicherheiten — Depotwechsel, Bürgschaftsscheine — als Unterlage gegeben sind, wird in der Regel die Form des Wechselkredits in Anwendung kommen. Der Depotwechsel u. s. w. begründet hierbei den Kredit, welcher durch gewöhnliche Wechsel

(1-, 2-, 3-Monatswechsel) benutzt werden kann. Die P. C.-G.-K. will Spezialsicherheiten nicht begünstigen. Solche pflegen da als Aushülfe benutzt zu werden, wo sich einzelne Genossenschaften, welche die Mittel dazu hätten, nicht darauf einlassen wollen, die nach diesen mögliche Anzahl von Geschäftsantheilen einzuzahlen und dementsprechend Haftsummen zu übernehmen. Dies wird sich mit der Zeit besser gestalten, wenn erst älteren gut geleiteten Verbandskassen eine angemessene Verzinsung der Geschäftsantheile, z. B. mit 4 Prozent, gesichert scheint. Die P. C.-G.-K. könnte ja, wenn sie nur ihr geschäftliches Interesse im Auge hätte, mit den von leistungsfähigsten Einzelgenossenschaften gegebenen Spezialsicherheiten ganz einverstanden sein, sie würde im Falle einer Liquidation rascher zu ihrem Geld kommen, als bei dem Haftsummenkredit der Verbandskasse. Die P. C.-G.-K. hält sich aber verpflichtet, ihre Geschäftsbedingungen so zu stellen, daß dadurch die gesunde Entwickelung des Genossenwesens gefördert wird. Sollen Verbandskassen ihre Aufgabe erfüllen und nicht gleich bei Schwierigkeiten, die bei einzelnen Genossenschaften entstehen, mit ihrer Leistungsfähigkeit in Frage kommen, dann müssen sie in sich kräftig werden. Das geschieht aber in zuverlässiger Weise nicht durch die jederzeit rückziehbaren Spezialsicherheiten, sondern durch die von den Genossenschaften fest übernommenen, mit angemessener Einzahlung erfolgten Geschäftsantheile.

Laufende Rechnung.

§ 21.

Man hat bei dem Paragraphen Anstoß genommen an dem Ausdruck „kurzfristiger Personalkredit". Derselbe erklärt sich zunächst einfach durch den Gegensatz zum „langfristigen Realkredit", wobei der Ausdruck „Realkredit" im engen Sinne, also der auf hypothekarische Eintragung begründete Kredit gemeint ist, was der gewöhnlichen Auffassung desselben entspricht Allerdings aber darf es sich auch bei der Benutzung der Mittel der P. C.-G.-K. zum Personalkredit nicht um mehrjährig festgelegte Kredite handeln, welche dann auch nicht eigentlicher Personalkredit zu sein pflegen.

Zur Förderung des wirthschaftlichen Lebens ist in allen Provinzen durch andere Institute (Provinzialhilfskassen u. s. w.) für solchen dauernden Kredit gesorgt. Die Aufgabe der P. C.-G.-K. ist es, als Ausgleichsstelle zu dienen; diese Eigenschaft setzt voraus, daß der von ihr zur Ergänzung der eigenen Mittel von den Verbandskassen beanspruchte Kredit von diesen nicht festgelegt wird. Dies würde z. B. geschehen, wenn der Kredit zum Bau und zur Einrichtung von Molkereien gebraucht oder vielmehr mißbraucht anstatt zur Unterstützung des eigentlichen Betriebes in solchen Zeiten benutzt würde, wo die Molkereiprodukte sich ansammeln und der sofortige Absatz nicht durchführbar ist, während nach erfolgtem Verkauf das Geld wieder zurückgezahlt werden kann, oder wenn das Geld zum Bau von Brennereien verwendet würde anstatt zum Ankauf von Kartoffeln, deren Preis wieder erstattet werden kann, sobald der Spiritus verkauft wird. Kurz gesagt, die Mittel der P. C.-G.-K. sollen dem Betriebskredit dienen, nicht dem Anlagekredit.

Es giebt nur einzelne Verbandskassen, welche zeitweise auch ein Guthaben bei der P. C.-G.-K. hatten, die große Mehrzahl aber befindet sich immer in der Schuld, und man wird zufrieden sein, wenn wenigstens ein lebhafter Umsatz stattfindet, wenn die Ein- und Ausgänge im Laufe einer Geschäftsperiode sich möglichst ausgleichen. Wenn z. B. eine Verbandskasse in ihrem Geschäftsbericht ausführt, daß sie rund 3 360 000 M. im Laufe des Jahres abgezahlt, 3 100 000 M. von der P. C.-G.-K. erhoben habe, so ist dies schon ein erfreuliches Ergebniß, es wird aber dabei auch angegeben, daß immerhin noch ein Schuldbetrag von 1 900 000 M. bleibt.

§ 22.

Die Umwandelung des Kredits in Wechselkredit wegen nicht entsprechender Rückzahlungen hat die Bedeutung, daß dadurch die P. C.-G.-K. in die Lage versetzt wird, durch Weiterbegebung der Wechsel die Beträge flüssig zu machen, welche durch die „Laufende Rechnung" festgelegt waren.

§ 23.

Diese Bestimmung setzt fest, daß eine 90tägige Kündigungsfrist eingehalten werden soll, falls wegen mangelnder Rückzahlung die Aufkündigung des Geschäftsverkehrs geboten erscheint.

§ 24.

Die P. C.-G.-K. ist bestrebt, namentlich den Verhältnissen der ländlichen und Handwerker-

Kassen, welche keine kaufmännischen Betriebe haben und schon wegen ihrer einfachen Verwaltung mit stets wechselndem Zinsfuß schwer arbeiten können, möglichst entgegen zu kommen und setzt daher die Höhe des Zinsfußes stets auf $1/2$ Jahr im Voraus fest. Aus dieser Festsetzung entstehen für die P. C.-G.-K. sehr erhebliche Schwierigkeiten bei der eigenen Geldbeschaffung, welche selbstverständlich an der Börse oder direkt bei großen Geldinstituten (Reichsbank, Seehandlung 2c.) erfolgen muß und ganz abhängig ist vom Geldmarkt. Die P. C.-G.-K. hat zeitweise erheblich höhere Zinsen zu zahlen gehabt, als sie den Verbandskassen anrechnet und muß durch Darlehnsgeschäfte mit anderen Korporationen sich bemühen, den Verlust auszugleichen. Es ist daher auch ganz natürlich, daß sie nur solchen Verbandskassen die mit Mühe und Risiko verbundenen Vorzugs-Bedingungen gewährt, welche sich den von ihr herausgegebenen Geschäftsbestimmungen auch in allen anderen Beziehungen anschließen und auch bereitwillig der P. C.-G.-K. diejenigen Mittheilungen über die Verhältnisse der Genossenschaften machen, deren die P. C.-G.-K. zu einer richtigen Beurtheilung des genossenschaftlichen Kreditwesens und damit zu sachgemäßer Erfüllung der ihr gestellten Aufgaben bedarf. — Als die P. C.-G.-K. ihre Thätigkeit begonnen hat, war 3 Prozent ein den Verhältnissen entsprechender Zinsfuß, bei welchem auch trotz der sonst durch die Verbandskassen und durch die Einzelgenossenschaften in einem gewissen Umfange berechtigten Zuschläge immer noch ein Zinssatz für den einzelnen Darlehnsnehmer herbeigeführt wurde, welcher weit unter demjenigen bleibt, welcher von dem kleinen Landwirth, dem kleinen Handwerker und Gewerbetreibenden anderwärts zu zahlen ist. Seit jener Zeit (1895) haben sich die Zinsverhältnisse allgemein ungünstiger für den Darlehnsnehmer gestaltet und die P. C.-G.-K., so sehr sie sich bisher bemüht hat, ihren billigen Satz durchzuführen, war genöthigt, auch in die Höhe zu gehen, jedoch unter Beibehaltung der halbjährigen Festsetzung. — Für Wechselkredit ist allgemein der Diskontsatz der Reichsbank durch die P. C.-G.-K. festgehalten. Derselbe war schon seit längerer Zeit über 3 %, wodurch also der Zinssatz, welchen eine Verbandskasse für diesen Theil ihres Kredits zahlen muß, sich etwas erhöhte und auch sich verändern kann.

Im Durchschnitt des ganzen Darlehns bleibt aber der Zinsfuß den Verhältnissen entsprechend immer noch ein mäßiger. Zur Zeit steht auch der Bankdiskont auf 4 %. Die Kasse wird aber jetzt und auch in Zukunft immer bestrebt sein, den Zinsfuß so niedrig zu halten, wie ihr dies möglich ist. Sie kann aber nicht, wie dies öffentlich und namentlich auch im Ausschusse der P. C.-G.-K. ausdrücklich mitgetheilt ist, sich dauernd den Verhältnissen des Geldmarktes entgegenstellen.

§ 25.

Der Grundsatz, alle Rechnungen in laufender Rechnung provisionsfrei zu führen, wird von den Meisten durchaus nicht hinreichend gewürdigt. Die P. C.-G.-K. verzichtet auf diese Gebühren, weil sie die lebendige Geldbewegung zu fördern sucht. Wer Geld vorübergehend übrig hat, es später aber wieder gebraucht, wird, wenn er genau rechnet, sich fragen, was bringt mir das Geld an Zinsen, wenn ich es alsbald an die Kasse gebe und was rechnet mir die Kasse an Gebühr (Provision) für die Mühewaltung, wenn die Summe durch ihre Bücher geht. Ist der letztere Betrag größer als der Zinsverlust, oder aber die Zinsersparniß, dann wird der gute Rechner sein Geld im Kasten liegen lassen. Um aber dieses zu verhüten, nimmt die P. C.-G.-K. keine Provision und empfiehlt dies auch den Verbandskassen und Genossenschaften.

Die staffelförmige Berechnung der Zinsen ist für die Verbandskassen von Vortheil, welche fast ständig in der Schuld sich befinden. Jede einzelne Abzahlung wird alsbald zur Anrechnung gebracht und fällt aus der Verzinsung aus, wirkt also erleichternd um die Höhe des vollen Zinsfußes für Darlehne Während da, wo das ganze Konto am Schlusse hinsichtlich der Zinsen abgestimmt wird, Abzahlungen nur mit dem Satz berechnet werden, welcher vom Darlehnsgeber für Einlagen gezahlt wird.

B. Wechselverkehr.

§§ 26 bis 33.

Der Wechselverkehr kann aus dem Betriebe der P. C.-G.-K. nicht ausgeschlossen werden, tritt aber in verschiedener Weise auf.

Bei den Verbandskassen, welche in ihrem eigenen Geschäftsverkehr wesentlich mit Wechseln arbeiten, wird ein mehr oder weniger erheblicher Theil des Kredits nicht in Laufender Rechnung, sondern als Wechselkredit eingeräumt. Bei 2 Verbandskassen städtischen Charakters ist der ganze Kredit als Wechselkredit festgesetzt. Es handelt sich hier in der Hauptsache um Geschäftswechsel, welche im Betriebe der Verbandskassen und der ihnen angeschlossenen Einzelgenossenschaften vorkommen und von der P. C.-G.-K. diskontirt werden.

Eine zweite Gruppe bilden die Wechsel, welche zur Ausdehnung des Kredits dienen; bei ihnen kommt es der P. C.-G.-K. darauf an, einen Theil der ausgeliehenen Gelder nicht ohne bestimmte Rückzahlungsfristen fortzugeben, sondern in der liquiden Form der Wechsel. Die P. C.-G.-K. ist verpflichtet, die Kredite in „Laufender Rechnung" mit dem verfügbaren Theil ihres Grundkapitals im richtigen Verhältniß zu erhalten. So lange das Grundkapital nicht mehr als 40 Millionen Mark beträgt, werden rund 30 Millionen für den Darlehnsverkehr in „Laufender Rechnung", also ohne bestimmte Rückzahlungsfristen zur Verfügung zu stellen sein. Nachdem die Gesammtkreditfähigkeit aller Verbandskassen an den dazu angesetzten Terminen — jedes Mal vor dem 1. April und vor dem 1. Oktober — festgestellt ist, wird der Betrag, welcher 30 Millionen übersteigt, auf die Verbandskassen vertheilt und jeder einzelnen mitgetheilt, welchen Betrag des an sich zugebilligten Kredites sie nur als Wechselkredit ausnützen kann. Diese Wechsel werden ausgestellt durch die Verbandskassen und acceptirt durch eine Einzelgenossenschaft; sie können zahlbar gestellt (domizilirt) werden bei der P. C.-G.-K., d. h. sie werden bei dieser bei Verfall zur Zahlung eingereicht und auf Grund des freien Kredits oder vorhandenen Guthabens gezahlt.

Eine andere Art von Wechseln sind dort eingeführt, wo Haftsummenkredit bei der Verbandskasse nicht besteht, wo dieselbe nicht als Genossenschaft, sondern als Aktiengesellschaft gebildet ist. Hier ist die Einrichtung getroffen, daß solche Verbandskassen die Wechsel ausstellen; für die Genossenschaft, welche dieselben acceptirt, wird dabei aber nach den allgemeinen Grundsätzen der Nachweis verlangt, daß sie die übernommene Summe auch vertreten kann.

Die in den Bestimmungen angeführten Depotwechsel haben praktisch dieselbe Bedeutung wie Bürgschaftsscheine, sie bilden Unterlagen zur Ergänzung des Haftsummenkredits, sogen. Spezialsicherheit, für den Kredit überhaupt. Ob dieser Kredit dann durch „Laufende Rechnung" oder durch Wechsel ausgenützt wird, unterliegt der Bestimmung von Fall zu Fall.

Bei den Depotwechseln ist es wohl vorgekommen, daß einzelne reiche Mitglieder für eine Genossenschaft oder Verbandskasse durch Wechselaccept eingetreten sind, oder daß eine Anzahl von Mitgliedern ihren persönlichen, durch die Zugehörigkeit zur Genossenschaft nicht in Anspruch genommenen Kredit so verwenden, aber im eigentlichen Wechselverkehr wird durch die Einrichtungen der P. C.-G.-K. nirgendwo eine einzelne Person zum Ausstellen, Acceptiren oder Giriren eines Wechsels veranlaßt, wo dies stattfindet, geschieht es in dem Geschäftsverkehr innerhalb der Genossenschaften.

C. Lombard-Verkehr.

§§ 34 bis 36.

Hier ist nur von der Lombardirung von Werthpapieren die Rede, nicht vom Waarenlombard. Ueber letzteren geben die im Anhange beigefügten Muster Auskunft.

Die Paragraphen bedürfen keiner Erläuterung.

D. Verkehr in Werthpapieren u. s. w.

§§ 37 bis 44.

Auch diese Paragraphen bedürfen keiner Erläuterung.

Es ist nur zu bedauern, daß gegenüber den so günstigen Bedingungen ein so geringer Gebrauch seitens der Genossen gemacht wird durch Vermittelung der Genossenschaften und Verbandskassen den Ankauf und Verkauf von Werthpapieren ausführen zu lassen.

E. Schlußbestimmungen.

§ 44a.

Wenn Verbandskassen nach dem § 4 ihre Mitgliederlisten einreichen, so geht die P. C.-G.-K. von der Annahme aus, daß die in Muster A oder auf Muster B und C eingetragene Anzahl der Mitglieder der einzelnen Genossenschaften zutreffend ist. Nachdem nun aber der ganze Kreditaufbau schließlich auf diesen Mitgliedern beruht, ist es für die P. C.-G.-K. nothwendig zu erfahren, ob und welche Veränderungen in dem Bestande an Mitgliedern und bei beschränkter Haftpflicht an Geschäftsantheilen eingetreten sind. Zu diesem Zwecke sind Muster G und H im Januar jedes Jahres an die Gerichte einzureichen, die Gerichte geben die erbetenen Bescheinigungen und senden den Bogen direkt an die P. C.-G.-K. Die im Muster angegebene Form gewährleistet die Stempelfreiheit. Die Sicherheitsabzüge, welche die P. C.-G.-K. macht (§§ 11—13), geben ihr die Möglichkeit, über unwesentliche Veränderungen im Bestande der Genossenschaften hinwegzusehen, bei erheblichen Verschiebungen würde sie mit der betreffenden Verbandskasse sich ins Benehmen setzen. Durch diese Einrichtung werden die Verbandskassen der Mühe enthoben, ihrerseits von allen Veränderungen der eingereichten Listen Anzeige zu erstatten. Die P. C.-G.-K. wird auf Wunsch die gesammelten Muster G und H den betreffenden Verbandskassen zur Einsichtnahme zusenden.

§ 44b.

Die in diesem Absatze gewünschte Mittheilung ist von besonderem Werthe für die

P. C.-G.-K., weil sie Anhaltepunkte dafür bietet, wie die Geldbewegung innerhalb der Verbandskassen sich gestaltet, indem sie diese Mittheilungen in Vergleich bringt mit der Geldbewegung, welche zwischen ihr selbst und der Verbandskasse stattfindet. Bei streng durchgeführter Buchkasse würde die P. C.-G.-K. die Angaben aus den von ihr geführten Conten zusammenstellen können, aber mit sehr großer Mühe.

§ 44c.

Die halbjährige Rohbilanz der Verbandskassen ist von großem Interesse für die P. C.-G.-K. in ihrer Eigenschaft als Darlehnsgeber.

§ 44d.

Es bedarf kaum einer Begründung, von welcher Wichtigkeit die Kenntniß der Bilanzen der Einzelgenossenschaften für die Beurtheilung des genossenschaftlichen Kreditwesens ist; zugleich wird diese Mittheilung statistischen Zwecken dienen, da dieselben ja nur das enthalten, was veröffentlicht ist und daher in einer für die Oeffentlichkeit bestimmten Bearbeitung aufgenommen werden können.

Schlußabsatz.

Es ist durchaus nöthig, daß bei allen Eingaben, Fragebogen u. s. w. immer derjenige unterschreibt, welcher für den Inhalt des Schriftstückes verantwortlich ist. In allen Fällen, wo die Firma der Genossenschaft einer Unterschrift beigefügt wird, ist diese Unterschrift nur dann rechtsgültig und verbindlich, wenn die statutenmäßige Anzahl Unterschriften, nach dem Gesetz mindestens 2, vorhanden ist. Eine nur von einem Mitgliede neben der Firma erfolgte Zeichnung entspricht daher nicht den gesetzlichen Anforderungen.

Directorium
der
Preußischen
Central-Genossenschafts-Kasse.
J. Nr. I. 2263.

Berlin,
20. Septbr. 1898.

Bemerkungen
zu den zum
August-Termin 1898 eingesandten Kredit-Unterlagen.

Die nachstehenden Bemerkungen sind für diejenigen Verbandskassen, auf welche sie sich beziehen, roth unterstrichen. Den übrigen Verbandskassen werden sie zur Kenntnißnahme mitgetheilt.

Allgemeines.

1. Bei der Einreichung von Materialien, Nachweisen und Listen sind die durch die Bestimmungen eingeführten Muster und Formulare zu verwenden. Wollen die Verbandskassen sich diese Muster selbst herstellen lassen und nicht durch uns beziehen, so müssen jedenfalls die selbst hergestellten Muster in Vordruck, Format, Liniatur u. s. w.

genau den unserigen entsprechen, weil nur bei völliger Gleichartigkeit der Nachweise, Listen u. s. w. die sehr umfangreiche Arbeit der Kreditfestsetzung sich schnell erledigen läßt.

2. Die Einreichung der Materialien ist Seitens vieler Verbandskassen nicht zum festgesetzten Termine — 15. August — erfolgt. Künftig wird nur das Material zur Kreditberechnung benutzt werden, das am 15. Februar bezw. 15. August in unseren Händen ist, da sich sonst die Mittheilung der neuen Kredite nicht frühzeitig genug bewirken läßt.

3. Bei der diesmaligen Kreditfestsetzung sind vielfache Ausnahmen hinsichtlich Form und Inhalt der Unterlagen gestattet worden. Es muß jedoch dringend gebeten werden, sich bei den Einreichungen formell und materiell genau an die Vorschrift der Bestimmungen vom Januar d. J. zu halten, da nur dadurch eine möglichst gleichartige und gerechte Berechnung der Kredite gewährleistet werden kann.

Die Mitgliederliste (§ 4,1 der Best.)

4. war nicht eingesandt und mußte nachträglich gefordert werden;

5. entsprach nicht der durch die Bekanntmachung des Herrn Reichskanzlers, betr. die Führung des Genossenschaftsregisters und die Anmeldungen zu demselben, vom 11. Juli 1889 vorgeschriebenen Form;

6. war nicht gerichtlich beglaubigt.

Einige Verbandskassen hatten in Stelle dieser Liste eine gerichtliche Bescheinigung nach Muster H beantragt. Bescheinigungen nach Muster H genügen in diesem Falle nicht, diese sind für alle angeschlossenen Einzelgenossenschaften jährlich im Monat Januar dem zuständigen Gerichte zur weiteren Veranlassung einzureichen.

Nachweis A (§ $4_{,2}$ der Best.).

7. Bei der Aufstellung waren mehrere, lose gehaltene Titelbogen benutzt worden.

Es wird ersucht, in einen Titelbogen die etwa erforderliche Anzahl von Einlagebogen einzuheften.

8. In der Spalte „Laufende Nr. u. s. w." war nicht die laufende Nr. des Genossenschaftsregisters eingetragen.

9. Die Eintragungen waren in unrichtiger Reihenfolge der laufenden Nr. erfolgt.

Zu 8 und 9. Da die Eintragungen in das Genossenschaftsregister (vgl. Mitgliederliste § 4,$_1$) die Grundlage für die Bearbeitung bilden, so ist es wegen der Auffindung der einzelnen Genossenschaften nothwendig, sich auch im Weiteren an diese Ordnung zu halten.

10. In Spalte 7a entsprach das angegebene Vermögen nicht überall dem Tarifsatze des nachgewiesenen Ergänzungssteuerbetrages.

Vielfach waren die durch die Allerhöchste Verordnung vom 25. Juni 1895 bestimmten Zuschläge nicht berücksichtigt.

Wir berechnen als Vermögen den mittleren Betrag der aus dem Tarife sich ergebenden Klasse, welche dem nachgewiesenen Gesammtbetrage an Ergänzungssteuer entspricht (z. B. 78,80 M. Erg.-St. = Tarifklasse M. 150 000 bis 160 000 = angenommenes Vermögen M. 155 000).

11. Es fehlte ganz oder zum Theil die Aufrechnung.

Wir ersuchen, wenigstens die Summen der Spalten 3, 5, 6, 14, 15 und 17 festzustellen und zum Schlusse anzugeben.

12. Es fehlte Datum und Unterschrift.
Vgl. §44 Schlußsatz der Bestimmungen.

13. Bei verschiedenen Verbandskassen sind von Vereinen, Genossenschaftsverbänden, Korporationen, Kommunalverbänden u. s. w. Haftsummen übernommen worden. Dazu ist zu bemerken, daß für die Kreditberechnung
 a. nur die physischen Personen oder solche Verbände, Vereinigungen u. s. w., die unter ihrem Namen vor Gericht klagen und verklagt werden können (d. h. sog. juristische Personen), berücksichtigt werden;
 b. nur solche juristische Personen berücksichtigt werden, die dem Erwerbe dienen.

Uebernehmen Kommunalverbände, Korporationen, Vereine u. s. w., die nicht dem Erwerbe dienen, Haftsummen, so werden diese Haftsummen nur dann bei der Kreditberechnung berücksichtigt, wenn in jedem einzelnen Falle eine rechtsverbindliche Bescheinigung beigebracht wird, daß diese juristischen Personen selbst keinen Kredit in Anspruch nehmen oder bekommen. Die

Uebernahme von Haftsummen durch diese darf also nur behufs Unterstützung und Förderung der Zwecke der Verbandskassen erfolgen.

Fragebogen B bezw. C (§ 4,$_3$ der Best.).

14. Die Nr. des Genossenschaftsregisters war unrichtig oder überhaupt nicht auf dem Fragebogen angegeben.

 Die Nr. muß mit derjenigen in der Mitgliederliste der Verbandskasse (§ 4,$_1$) und mit derjenigen im Nachweise A (§ 4,$_2$) übereinstimmen, sie ist also die Mitgliedsnummer bei der Verbandskasse.

15. Die ziffermäßigen Angaben sind nicht in Buchstaben, sondern in Zahlen zu schreiben.

16. Es fehlte ganz oder zum Theil Datum und Unterschrift.

 Bei einzelnen Verbandskassen haben wir uns für den letzten Termin mit der Aufstellung und Vollziehung der Fragebogen durch die Verbandskassen einverstanden erklärt. Diese Ausnahme können wir in Zukunft nicht wieder eintreten lassen. Die Fragebogen sind auf alle Fälle von dem Vorstande der angeschlossenen Genossenschaften zu unterschreiben, die damit die Verantwortung für die gemachten Angaben, insbesondere auch für die über Vermögensverhältnisse, übernehmen.

Wo von den Einzelgenossenschaften unterschriebene Fragebogen fehlen, werden künftig die von diesen übernommenen Haftsummen bei der Kreditberechnung nicht berücksichtigt werden.

Vermögensnachweise (§ 5—7 der Best.).

17. Für die Eröffnung der Geschäftsverbindung wird die Beibringung von Vermögensnachweisen von uns nicht unbedingt verlangt, es wird dies allerdings erforderlich, wenn im Interesse der Genossenschaften eine volle Berücksichtigung der vorhandenen Kreditfähigkeit bei unseren Kreditfestsetzungen ermöglicht werden soll.

18. Bei Genossenschaften mit **un**beschränkter Haftpflicht geschieht die Beibringung von Vermögensnachweisen nach Muster D (siehe Fragebogen B Bemerkungen II). Der bezügliche Antrag an die Veranlagungsbehörde unter Beifügung einer Mitglieder-

liste kann sowohl von der Verbandskasse, als auch von den Einzelgenossenschaften ausgehen (Erlaß des Herrn Finanzministers vom 7. Juli 1897 II. 7390).

19. Bei Genossenschaften mit beschränkter Haftpflicht erfolgt die Beibringung des Vermögensnachweises nach der Anleitung auf der Rückseite des Musters C. Hierbei werden in den meisten Fällen nur die Vorstände der Einzelgenossenschaften in der Lage sein, die Angaben zuverlässig zu machen. Wird ein behördlicher Nachweis für nothwendig gehalten, so wird derselbe nach Muster E oder F erfordert (§ 7 der Best.).

Schlußbemerkung.

20. Eine Anzahl von Verbandskassen hat zum 15. August d. J., zu dem von allen die Unterlagen erwartet wurden, dieselben nicht eingesandt. Für diese wird der nachträglichen Einreichung bis zum 15. Februar 1899 mit Bestimmtheit entgegengesehen.

Wo eine nachträgliche Einreichung sämmtlicher oder einzelner Unterlagen nicht mehr erforderlich bezw. gefordert ist, bleibt es bis auf Weiteres hinsichtlich der Höhe des Kredites bei der jetzigen Festsetzung. Sofern die Verbandskassen eine Erhöhung des Kredites beantragen, sind die zur Begründung desselben erforderlichen Unterlagen beizubringen (§ 9 der Best.).

Direktorium
der Preußischen Central-Genossenschafts-Kasse.
Freiherr von Huene.
zur Megede. Dr. C. Heiligenstadt.

An

Bedingungen
für den
Depositen-, Check- und Lombard-Verkehr, für den An- und Verkauf,
sowie für die
Aufbewahrung und Verwaltung von Werthpapieren.

Die Preußische Central-Genossenschafts-Kasse ist nach § 2 des Gesetzes vom 31. Juli 1895, betreffend die Errichtung einer Centralanstalt zur Förderung des genossenschaftlichen Personalkredites, ermächtigt, mit Jedermann, sowohl mit Genossenschafts-Verbänden als auch mit Korporationen, **einzelnen** Genossenschaften, Firmen und Privatleuten in Depositen- und Check-Verkehr zu treten.

I. Die Guthaben auf den Depositen-Konten.

1. Die Depositen-Konten werden, soweit nicht andere Bestimmungen platzgreifen, **provisionsfrei**, lediglich unter Berechnung der

uns selbst etwa entstehenden Spesen und Porti geführt.

2. Guthaben auf Depositen-Konto können durch eigene oder zu Gunsten der Konto-Inhaber durch dritte Personen gemachte Baarzahlungen und Giro-Ueberweisungen, durch Einlieferungen von Checks und Anweisungen auf Berlin und von Wechseln (Geschäftswechsel auf Bankplätze werden zu $^1/_2$ % über dem offiziellen Banksatze, dergl. Wechsel auf Nichtbankplätze zu $^1/_2$ % über dem offiziellen Banksatze zuzüglich Inkasso-Spesen diskontirt), ferner durch Ueberweisung des Erlöses aus dem Verkaufe von an uns eingesandten Werthpapieren, Coupons und Devisen (Wechsel auf das Ausland) gebildet werden. Findet ein Verkauf von Werthpapieren statt, so wird die für diese Geschäfte vorgeschriebene Provision in Rechnung gestellt (vergl. unter IV. 1).

Einzahlungen auf Depositen-Konto können außer an unserer Kasse auch bei allen mit Kasseneinrichtung versehenen Reichsbankanstalten durch Benutzung des Reichsbank-Girokontos der Preußischen Central-Genossenschafts-Kasse gemacht werden. Die Reichsbank erhebt hierfür von den Personen, die kein Girokonto besitzen, eine Gebühr von 10 Pfennig für jede 1000 Mark, mindestens aber 30 Pfennig für jede Einzahlung. Von derartigen Einzahlungen muß der Inhaber des Depositen-Kontos uns Anzeige (Postkarte) machen, damit der eingezahlte Betrag ordnungsmäßig verbucht werden kann.

3. Die Gutschriften erfolgen einen Tag nach Eingang des Geldbetrages, und wird über sie Quittung ertheilt.

4. Nach Schluß eines jeden Vierteljahres wird für jeden Konto-Inhaber ein Rechnungs-Auszug angefertigt und ihm zugestellt.

II. Die Zinsvergütung für die Guthaben auf Depositen-Konto.

1. Die Preußische Central-Genossenschafts-Kasse vergütet

   a) auf täglich ohne Kündigung zurückziehbare Gelder

   bis auf Weiteres 2 % pro anno.

   Beträge, die während einer Zeit von 5 Tagen nach ihrer Einlage wieder abgehoben werden, werden nicht verzinst.

b) Bei Depositengeldern, deren Rückzahlung an eine schriftliche Kündigung gebunden ist, beträgt die Zinsvergütung bis auf Weiteres

$2^1/_4$ % p. a. bei zweimonatlicher,

$2^1/_2$ % p. a. bei dreimonatlicher

Kündigung.

2. Die Zinsen werden tageweise, der Monat zu 30 Tagen, berechnet. Die den Konto-Inhabern zu vergütenden Zinsen werden am Schlusse eines jeden Vierteljahres dem Guthaben im Konto zugeschrieben.

3. Jede Aenderung der von uns zur Anwendung gelangenden Zinssätze wird den Inhabern von Depositen-Konten schriftlich mitgetheilt werden; sie tritt sofort am Tage des Abgangs der Mittheilung in Kraft.

4. Bei Einlage von Depositengeldern in größeren Beträgen und auf längere feste Termine (4 Monate und darüber) bleibt die Gewährung günstigerer Bedingungen besonderen Vereinbarungen vorbehalten. Die Preußische Central-Genossenschafts-Kasse ist bereit, derartige Beträge unabhängig von den Schwankungen des Zins-

fußes zu einem vorher zu vereinbarenden festen Satze zu verzinsen.

III. Die Verfügung über die Guthaben auf Depositen-Konto.

Ueber die Guthaben auf Depositen-Konto kann verfügt werden:

1. durch Abhebungen in baar;
2. durch Giroüberweisungen oder durch in anderer Form schriftlich ertheilte Zahlungsanweisungen;
3. durch Zahlbarmachung von Wechseln und Anweisungen bei der Preußischen Central-Genossenschafts-Kasse; derartige Verfügungen sind uns spätestens am Tage vor Fälligkeit der Wechsel und Anweisungen schriftlich anzuzeigen;
4. durch Aufträge zum Ankaufe von Werthpapieren (wegen der Ankaufsprovision vergl. unter IV. 1);
5. durch Checks:
   a) Der Konto-Inhaber ist verpflichtet, die ihm von uns gegen Quittung zu seiner Benutzung gelieferten Check-Formulare sorgfältig aufzubewahren und von jedem Verluste uns rechtzeitig schriftlich

Anzeige zu machen, damit Zahlungen an Unberechtigte verhindert werden können. Unbrauchbargewordene Formulare sind zurückzuliefern.

Ferner sind diejenigen Zahlen von der Zahlenreihe (rechts) vor Ausgabe des Checks abzutrennen, die dessen Betrag übersteigen.

Alle Folgen und Nachtheile des Zuwiderhandelns gegen vorstehende Bestimmungen trägt der Konto-Inhaber.

b) Checks, die auf eine bestimmte Person, Firma u. s. w. mit dem Zusatze: „oder Ueberbringer" lauten, werden an den Vorzeiger ausgezahlt, dessen Legitimation zu prüfen wir berechtigt, aber nicht verpflichtet sind.

c) Es ist gestattet, durch den quer durch den Text geschriebenen oder gedruckten Zusatz: „Nur zur Verrechnung" vorzuschreiben, daß der Check nicht baar bezahlt, sondern nur zur Verrechnung verwendet werden darf.

d) Bestimmungen über die Zahlungsfristen dürfen Checks nicht enthalten.

e) Checks, die geschriebene Zusätze zwischen

den vorgedruckten Zeilen enthalten, oder auf denen die Worte: „oder Ueberbringer" durchstrichen sind, werden nicht bezahlt.

f) Im Fernverkehre ist uns von der Ausstellung eines jeden Checks alsbald Anzeige (Postkarte) zu machen, damit die Auszahlung des Checkbetrages an unserer Kasse, durch die Reichsbank oder durch die unter g) genannten Königlichen Kassen nicht eine Verzögerung erleidet.

g) Um den Inhabern von Depositen-Konten den Fernverkehr mit uns zu erleichtern, haben auf unseren Antrag der Herr Finanzminister und das Reichsbank-Direktorium in entgegenkommendster Weise gestattet, daß Checks, die auf die Preußische Central-Genossenschafts-Kasse gezogen sind, von allen mit Kasseneinrichtungen versehenen Reichsbankanstalten oder, wo solche nicht bestehen, von den Königlichen Regierungs-Hauptkassen oder Kreiskassen eingelöst werden. Bei den Königlichen Kassen sind hierbei

10 Pfennig Porto zu zahlen. Für die durch die Reichsbankstellen ausgezahlten Checks werden die 10 Pfennig von uns dem Konto-Inhaber im Konto zur Last geschrieben. Alle anderen aus diesem Verkehre erwachsenden Kosten übernimmt zu Gunsten der Konto-Inhaber die Preußische Central-Genossenschafts-Kasse.

Sollen 20 000 Mark und darüber an einem Tage auf demselben Konto abgehoben werden, so ist die Preußische Central-Genossenschafts-Kasse zur Auszahlung nur verpflichtet, wenn die Abhebung schriftlich bis 12 Uhr Mittags des vorhergehenden Tages angekündigt war.

IV. Sonstige Geschäfte.

Für **Inhaber von Depositen-Konten** ist die Preußische Central-Genossenschafts-Kasse gesetzlich ermächtigt

1. **den An- und Verkauf von Werthpapieren zu besorgen.** Ankaufsanträge werden erst dann ausgeführt, nachdem der dazu erforderliche Geldbetrag vollständig in unsere Hände gelangt ist; Verkaufsanträge erst

dann, nachdem die zu verkaufenden Papiere eingeliefert und in Ordnung befunden sind.

An Gebühren werden 1 pro Mille (mindestens jedoch 50 Pf. pro Auftrag) vom Kurswerthe berechnet. Bei gleichzeitiger Ausführung von An- und Verkäufen für denselben Auftraggeber und an demselben Tage wird die Provision nur von der größeren Seite berechnet.

Mäklergebühren (Courtage) und Stempel werden von uns dem Börsengebrauche gemäß in Anrechnung gebracht.

2. Die Preußische Central-Genossenschafts-Kasse übernimmt die **Aufbewahrung und Verwaltung von Werthpapieren.** An Gebühren werden hierfür 20 Pfennig pro Kalenderjahr für jede angefangenen 1000 Mark Nominal-Kapital im voraus, sowie die bei der Einziehung von Koupons u. s. w. etwa entstehenden Kosten berechnet. Für Uebernahme der Verloosungskontrolle sind weitere 20 Pfennig für jede angefangenen 1000 Mark Nominal-Kapital zu entrichten. Die Gutschrift eingezogener Koupons auf dem Konto erfolgt 3 Tage nach Eingang des Betrages. Für die Aufbewahrung

von als Sicherheit oder Pfand hinterlegten Werthpapieren wird eine Aufbewahrungsgebühr nicht berechnet.

3. Gegen Hinterlegung beleihungsfähiger Werthpapiere werden Darlehne auf diese (Lombarddarlehne) gewährt. Es werden die vom Reiche oder den deutschen Einzelstaaten herausgegebenen Anleihen, die landschaftlichen Pfandbriefe und diesen gleichwerthige Papiere zu 90 % des Kurswerthes beliehen. Für die Beleihung anderer Werthpapiere und für die Beleihung von Werthgegenständen bleibt die Festsetzung der Bedingungen vorbehalten.

An Zinsvergütung werden bis auf Weiteres der Lombardzinsfuß der Reichsbank, sowie etwaige Spesen und Porti berechnet werden.

Eine Provision wird dagegen bei Lombardgeschäften nicht erhoben.

V. Verschiedene Bestimmungen.

1. Ein- und Auszahlungen auf Depositen-Konten finden werktäglich von 9½ Uhr Vormittags bis 3 Uhr Nachmittags statt.
2. Die Preußische Central-Genossenschafts-

Kasse behält sich das Recht vor, unter Anzeige diese Bedingungen abzuändern, sowie auch Depositen-Konten ohne Angabe des Grundes jederzeit zu schließen. Die Schließung erfolgt auf alle Fälle dann, sobald ein Inhaber über den **Betrag seines Guthabens** hinaus verfügt.

3. Bei Eröffnung des Depositen- und Check-Verkehrs hat der Konto-Inhaber durch eigenhändige Unterschrift die sämmtlichen vorstehenden Bedingungen als für ihn verbindlich anzuerkennen.

Berlin, im März 1896.

Das Direktorium
der Preußischen Central-Genossenschafts-Kasse.

Freiherr von Huene.
zur Megede. **Dr. C. Heiligenstadt.**

Gelesen, genehmigt, unterschrieben.

.............................., den 18

Name: ....

Wohnort: ....

Preußische Central-Genossenschafts-Kasse.

Berlin, März 1896.

Bedingungen
für den
Verkehr mit öffentlichen Sparkassen und Kommunalkassen.

Die Preußische Central-Genossenschafts-Kasse zu Berlin ist auf Grund des Gesetzes, betreffend die Errichtung einer Centralanstalt zur Förderung des genossenschaftlichen Personalkredits, vom 31. Juli 1895, ermächtigt mit Sparkassen und Kommunalkassen in einem dem § 2 Ziffer 3 bis 8 des Gesetzes entsprechenden Verkehr zu treten.

Für den Geschäfts-Verkehr mit den Sparkassen und Kommunalkassen sind nachstehende Bedingungen festgesetzt:

I. Depositen- und Checkverkehr.

Guthaben auf Depositen-Konto.

1. Die Preußische Central-Genossenschafts-Kasse eröffnet Sparkassen und Kommunalkassen auf Antrag ein Depositen-Konto.

2. Depositen-Konten werden, soweit nicht andere Bestimmungen platzgreifen, provisionsfrei, lediglich unter Berechnung der uns selbst etwa entstehenden Spesen und Porti geführt.

3. Guthaben auf Depositen-Konto können durch eigene oder zu Gunsten der Konto-Inhaber durch dritte Personen gemachte Baarzahlungen und Giro-Ueberweisungen, durch Einlieferungen von Checks und Anweisungen auf Berlin, von Wechseln, sowie durch Ueberweisung des Erlöses aus dem Verkaufe von an uns eingesandten Werthpapieren, Koupons und Devisen (Wechsel auf das Ausland) gebildet werden. Findet ein Verkauf von Werthpapieren statt, so wird die für diese Geschäfte vorgeschriebene Provision in Rechnung gestellt (vgl. unter IV.).

4. Die Gutschriften erfolgen einen Tag nach Eingang des Geldbetrages.

5. Nach Schluß eines jeden Vierteljahres wird für jeden Konto-Inhaber ein Rechnungs-Auszug angefertigt und ihm zugestellt.

Zinsvergütung für Guthaben auf Depositen-Konto.

1. Die Zinsvergütung für eingezahlte Depositengelder richtet sich im allgemeinen nach der jeweiligen Lage des Geldmarktes. Jede Aende-

rung der von uns zur Anwendung gelangenden Zinssätze wird den Inhabern von Depositen-Konten schriftlich mitgetheilt werden; sie tritt sofort am Tage des Abganges der Mittheilung in Kraft.

2. Die Preußische Central-Genossenschafts-Kasse vergütet den Sparkassen und Kommunalkassen auf täglich zurückzahlbare Gelder bis auf Weiteres $2^1/_2$ Prozent pro anno.

3. Die Zinsen werden tageweise, der Monat zu 30 Tagen, berechnet. Die dem Konto-Inhaber zu vergütenden Zinsen werden am Schlusse eines jeden Vierteljahres dem Guthaben im Konto zugeschrieben.

4. Die Preußische Central-Genossenschafts-Kasse nimmt außerdem Einlagen größeren Umfanges zur festen Verzinsung auf längere Termine (4 Monate und darüber) an. Die Bedingungen hierfür bleiben besonderen Vereinbarungen vorbehalten.

Verfügung über Guthaben auf Depositen-Konto.

Ueber fällige Guthaben auf Depositen-Konto kann verfügt werden:

1. durch Abhebung in baar;
2. durch Giroüberweisungen oder durch in

anderer Form schriftlich ertheilte Zahlungsanweisungen;

3. durch Checks (über den Checkverkehr vgl. die Anlage);
4. durch Aufträge zum Ankaufe von Werthpapieren;
5. sollen 20 000 Mark und darüber an einem Tage auf demselben Konto abgehoben werden, so ist die Preußische Central-Genossenschafts-Kasse zur Auszahlung nur verpflichtet, wenn die Abhebung schriftlich bis 12 Uhr Mittags des vorhergehenden Tages angekündigt war.

II. Wechselverkehr.

Die Preußische Central-Genossenschafts-Kasse diskontirt bankmäßige Wechsel zum jeweiligen Diskontsatze der Reichsbank.

Wechsel mit Unterschriften erster Qualität (sog. Privat-Diskonten) werden auf Grund besonderer Vereinbarungen auch zu einem niedrigeren Zinssatze (Privatdiskont) diskontirt.

Auch vermittelt die Preußische Central-Genossenschafts-Kasse den An- und Verkauf von Privatdiskonten an der Berliner Börse unter Berechnung von $\frac{1}{4}$ ‰ Provision und der von ihr selbst zu zahlenden Courtage.

III. Lombard-Verkehr.

Die Preußische Central-Genossenschafts-Kasse gewährt gegen Hinterlegung beleihungsfähiger Werthpapiere Darlehne.

Es werden die vom deutschen Reich oder den deutschen Einzelstaaten herausgegebenen Anleihen, die landschaftlichen Pfandbriefe und diesen gleichwerthige Papiere zu 90 Prozent des Kurswerthes beliehen.

Für die Beleihung anderer Werthpapiere und für die Beleihung sonstiger Werthgegenstände bleibt die Festsetzung der Bedingungen vorbehalten.

Als Zinsvergütung für Lombarddarlehne auf Werthpapiere wird unterschiedslos der Lombardzinsfuß der Reichsbank in Ansatz gebracht und über die Höhe der Darlehne und die Zeitdauer von Fall zu Fall Vereinbarung getroffen.

IV. Verkehr in Werthpapieren.

An- und Verkäufe von Werthpapieren werden für Inhaber eines Kontos auf Grund schriftlicher oder telegraphischer Aufträge ausgeführt.

Bei unlimitirten Verkaufsaufträgen hat gleichzeitig mit der Ertheilung des Auftrages die Absendung der Papiere an uns zu erfolgen. Bei limitirten Verkaufsaufträgen müssen die Papiere spätestens unmittelbar nach erhaltener Anzeige von der Ausführung des Auftrages abgesandt werden, damit hinsichtlich der Lieferung an der hiesigen Börse die Vorschriften der Börsenordnung innegehalten werden können.

Aufträge zum Verkaufe von Werthpapieren, die sich noch nicht in unseren Händen befinden, müssen in allen Fällen Angaben über Größe, Serie, Zinstermine der zu verkaufenden Stücke enthalten. Sollten uns eingesandte Werthpapiere von der Sachverständigen-Kommission der hiesigen Börse nicht für lieferbar erklärt werden, so haben die Auftraggeber die hieraus etwa entstehenden Kosten zu tragen.

Auf mit limitirtem Verkaufspreis eingesandte Werthpapiere werden vom Zeitpunkte ihres Eintreffens bis zum Verkaufe auf Wunsch Lombard-Vorschüsse, gemäß den für diese Geschäfte festgesetzten Bestimmungen, gewährt.

An Gebühren berechnen wir $1/4$ ‰, mindestens 30 Pfennige pro Auftrag. Bei gleichzeitiger Ausführung unlimitirter Aufträge zum An- und Verkaufe für denselben Auftraggeber wird die Provision nur einmal und zwar von der größeren Seite berechnet werden.

Mäklergebühr (Courtage) und Stempel werden von uns dem Börsenbrauche gemäß in Anrechnung gebracht.

V. Kupons-Einziehung.

In Berlin zahlbare Zins- und Gewinnantheilsscheine (Kupons) sowie verlooste oder gekündigte Werthpapiere werden ohne Berechnung besonderer Gebühren eingezogen.

Die Einlösung oder Verwerthung anderer Kupons (auch solcher in fremder Währung) wird von uns unter Berechnung der entstandenen Unkosten bestmöglichst besorgt.

Die Gutschriften auf dem Konto erfolgen 3 Tage nach Eingang des Betrages.

VI. Offene Depots von Werthpapieren.

Die Preußische Central-Genossenschafts-Kasse übernimmt für Inhaber eines Kontos die

Aufbewahrung und Verwaltung ihrer Werthpapiere unter nachstehenden Bedingungen:

1. für die sichere und getreue Aufbewahrung der übergebenen Werthpapiere wird die gesetzliche Gewähr übernommen;
2. die Abtrennung, Verwerthung und Gutschrift der Kupons- und Dividendenscheine, Erhebung neuer Kupons- und Dividendenbogen, Einziehung oder Verwerthung ausgelooster Werthpapiere und der Umtausch von Interimsscheinen in definitive Stücke wird, sofern durch diese Geschäfte keine Spesen erwachsen, gebührenfrei besorgt;
3. auf Antrag und auf Grund besonderer Uebereinkunft wird die Verloosungs-Kontrolle der hinterlegten Werthpapiere übernommen;
4. auf hinterlegte Werthpapiere werden nach den für den Lombardverkehr festgesetzten Bedingungen Lombard-Darlehen gewährt; wird ein in dieser Weise aufgenommener Betrag dem Depositenkonto überwiesen, so erfolgt auf diesem die Gutschrift am selben Tage und kann darüber sofort durch Checks verfügt werden;
5. die Aufbewahrung und Verwaltung der

hinterlegten Werthpapiere erfolgt für die Konto-Inhaber in der Regel gebührenfrei; Ausnahmen hiervon finden statt und es werden Gebühren von 20 Pf. pro Kalenderjahr für jedes angefangene 1000 Mark Nominal-Kapital berechnet, wenn die geschäftlichen Umsätze des Konto-Inhabers bei der Preußischen Central-Genossenschafts-Kasse keinen genügenden Ersatz für die aufgewandte Mühe gewähren.

VII. Verschiedene Bestimmungen.

1. Ein- und Auszahlungen finden an unserer Kasse werktäglich von $9^1/_2$ Uhr Vormittags bis 3 Uhr Nachmittags statt. Gehen Zahlungsaufträge nach 1 Uhr Nachmittags ein, so kann für ihre Ausführung an demselben Tage keine Gewähr übernommen werden.

2. Zur Ermäßigung der Portokosten kann den Sparkassen und Kommunalkassen nur empfohlen werden, sich ein Girokonto bei der Reichsbank eröffnen zu lassen. Wo die Benutzung der Girokonten nicht möglich, werden Werthsendungen aller Art auf Antrag von uns eingeschrieben oder unter Werthangabe von 600 Mark und bei der „Viktoria“,

Allgemeine Versicherungs-Gesellschaft in Berlin versichert, gesandt. Das gleiche Verfahren ist für Werthsendungen an uns zu empfehlen.

3. Die Preußische Central-Genossenschafts-Kasse behält sich das Recht vor, unter Anzeige diese Bedingungen ganz oder theilweise abzuändern, sowie auch einzelne Konten ohne Angabe des Grundes jederzeit zu schließen. Die Schließung erfolgt auf alle Fälle dann, sobald der Inhaber eines Depositen-Kontos über den Betrag seines Guthabens hinaus verfügt.

4. Bei Eröffnung des Verkehrs hat der Konto-Inhaber durch eigenhändige Unterschrift die vorstehenden Bedingungen als für ihn verbindlich anzuerkennen.

Checkverkehr.

Durch das Entgegenkommen des Herrn Finanzministers Dr. von Miquel und des Reichsbank-Direktoriums ist es ermöglicht worden, daß Checks, die auf die Preußische Central-Genossenschafts-Kasse gezogen sind, durch alle mit Kasseneinrichtung versehenen Reichsbankstellen, oder wo diese nicht bestehen, durch die Königlichen Regierungs-Hauptkassen oder Kreiskassen eingelöst werden.

Hiermit wird der Checkverkehr mit seinen vielfachen Vortheilen denjenigen Kreisen der Bevölkerung zugänglich gemacht, die bislang wegen der örtlichen Lage ihres Wohnsitzes von ihm ausgeschlossen waren.

1. Die Checkformulare.

Checks dürfen nur auf Grund verfügbarer Guthaben gezogen und nur auf von der Preußischen Central-Genossenschafts-Kasse gelieferten Formularen ausgestellt werden.

Die Checkformulare werden in Heften zu je 50 Stück gegen Quittung kostenfrei geliefert.

Die Inhaber eines Depositen-Kontos sind verpflichtet, die ihnen ausschließlich zu ihrer Benutzung übergebenen Checkformulare sorgfältig aufzubewahren und von jedem Verluste sofort schriftlich Anzeige an die Preußische Central-Genossenschafts-Kasse zu machen, damit Zahlungen an Unberechtigte verhindert werden können.

Unbrauchbar gewordene Formulare sind zurückzuliefern.

Alle Folgen und Nachtheile des Zuwiderhandelns gegen die vorstehenden Bestimmungen trägt der Konto-Inhaber.

Die genaue Befolgung der unter 2 mitgetheilten formellen Vorschriften, welche zur Sicherheit des Verkehrs gegeben sind, liegt daher im eigensten Interesse der Check-Inhaber.

Die Central-Genossenschafts-Kasse führt eine Liste über die von ihr ausgegebenen Checkbücher und die in jedem derselben enthaltenen Checks nach den Nummern.

2. Anweisung zur Ausfüllung der Checks.

(Vergleiche die anliegenden Zeichnungen.)

Der Inhaber des Checkbuchs (Konto-Inhaber), welcher einen Check ausschreiben will, hat dazu den mit der niedrigsten Nummer bezeichneten vorhandenen Check seines Checkbuches zu benutzen.

Der Betrag, welchen der Inhaber vermittelst des Checks zur Erhebung bringen will, ist zwei Mal zu verzeichnen, einmal oben rechts mit Ziffern und sodann hinter dem Worte: „Mark", in Buchstaben. Der daneben etwa übrig bleibende Raum ist so auszufüllen, daß spätere Zusätze oder Fälschungen ausgeschlossen sind. Die gleiche Vorschrift gilt auch für die übrigen im vorgedruckten Checkformular offen gelassenen Stellen.

Dem eingetragenen Betrage entsprechend sind von der am Rande des Formulars befindlichen Zahlenreihen alle diejenigen Zahlen abzutrennen, welche eine höhere Zahl enthalten, als der auf dem Check eingetragene Betrag. Will z. B. Jemand 4210 Mark erheben, so müssen alle Zahlen, welche mehr als diese Summe bezeichnen, also alle von 5000 Mark einschließlich bis einschließlich 500000 Mark abgetrennt werden. (Im Beispiel sind die in diesem Falle abzutrennenden Zahlen schraffirt). Die Unterschrift (rechts unten) kann nur durch den Inhaber des Checkbuchs erfolgen. Ferner ist selbstverständlich das Datum auszufüllen. Bei Korporationen ist der Unterschrift noch der Stempel beizufügen. Will der Inhaber des Checkbuchs den Betrag selbst abheben, so schreibt er hinter dem Worte „an" seinen Namen, seine Firma oder den Namen der Korporation ꝛc. Bei der Vorlegung des Checks an der Zahlstelle muß in diesem Falle der Checkinhaber auf der Rückseite noch quittiren: „Betrag erhalten", Datum und Unterschrift (Beispiel a).

Soll die Zahlung nicht an den Inhaber des Checkbuchs selbst erfolgen, sondern an eine andere Person oder Firma, so ist auf der Vorderseite des Checks hinter dem Worte „an" der Name dieser Person oder die Firma einzutragen. Auf der Rückseite des Checks würde dann die Quittung von dieser Person oder Firma auszustellen sein, falls sie den Betrag selbst abheben will (b). Es ist aber auch zulässig, daß der Check weitergegeben wird. Jede Person, welche dies ausführen will, zunächst also diejenige, welche auf der Vorderseite hinter dem Worte „an" eingetragen ist, hat auf der Rückseite zu schreiben: „Für mich an die Ordre des Herrn X." Datum und Unterschrift.

Erst diejenige Person, welche den Betrag abheben will, hat die Quittung, „Betrag erhalten" nebst Datum und Unterschrift, auf der Rückseite zu vermerken (c).

Auf die Vorderseite des Checks darf außer den vorstehend angegebenen Ausfüllungen Nichts mehr eingetragen werden; Zahlungsfristen dürfen nicht angegeben, auch keinerlei sonstige Zusätze oder Abänderungen an den vorgedruckten Zeilen vorgenommen werden. Checks, die derartiges enthalten, werden nicht eingelöst.

Alle Folgen und Nachtheile des Zuwiderhandelns gegen die vorstehenden Bestimmungen trägt der Inhaber des Checkbuches (Konto-Inhaber).

Die Rückseite ist nur zur Aufnahme der vorstehend angegebenen Vermerke bestimmt. Auch sind alle Korrekturen und Rasuren sorgfältig zu vermeiden und der korrekten Behandlung der Checks die größte Aufmerksamkeit zuzuwenden.

Die Abrißleiste, von welcher der Check abgelöst wird, kann im Interesse des Inhabers zu seiner Kontrolle ausgefüllt werden, sie verbleibt im Buche.

3. Anzeige von der Ausstellung eines Checks.

Von der Ausstellung eines jeden Checks ist unter Angabe der Nummer und des Betrages im Interesse des Konto-Inhabers der Preußischen Central-Genossenschafts-Kasse alsbald Anzeige zu machen, damit die Auszahlung an unserer Kasse, durch die Reichsbank oder durch die Königlichen Kassen nicht eine Verzögerung erleidet.

Diese Anzeige kann auf einer Postkarte erfolgen.

4. Einlösung von Checks.

Die nach „2" ausgefüllten und quittirten Checks können bei einer mit Kasseneinrichtung versehenen Reichsbankstelle, oder, wo solche nicht besteht, bei einer Königlichen Regierungs-Hauptkasse oder Kreis-Kasse zur Einlösung eingereicht werden. Bei den Königlichen Kassen sind hierbei 10 Pfennige für Porto zu zahlen. Für die durch Reichsbankstellen ausgezahlten Checks werden die 10 Pfennige von uns dem Kontoinhaber zur Last geschrieben. Alle anderen durch die Einlösung entweder bei den Königlichen Kassen, oder bei den Reichsbankstellen erwachsenden Kosten übernimmt zu Gunsten der Konto-Inhaber die Preußische Central-Genossenschafts-Kasse.

5. Uebernahme der Gewährleistung.

Für die in den vorstehenden Bestimmungen erwähnten Rechtsfolgen übernehmen die Konto-Inhaber die volle Gewähr durch Unterzeichnung der ihnen bei Auslieferung des Checkbuchs vorzulegenden Quittung.

Anlage.

Vorderseite des Checkbuch-Deckels. (50 Stck. Checks in einem Buch.)

O. N. 000451 – O. N. 000500.

Preussische Central-Genossenschafts-Kasse.

1. Das Checkbuch muß sorgfältig aufbewahrt und jeder Verlust rechtzeitig schriftlich angezeigt werden, um die Zahlung an einen Unberechtigten zu verhindern. Unbrauchbar gewordene Formulare sind zurückzuliefern.
2. Von der Zahlenreihe (rechts) sind diejenigen Zahlen vor der Ausgabe abzutrennen, die dessen Betrag übersteigen.
3. Alle Folgen und Nachtheile des Zuwiderhandelns (1 und 2) trägt der Contoinhaber.
4. Ordre-Checks müssen girirt und bei ihrer Präsentation quittirt werden.

Vorderseite.

Abrissleiste.

O. N. 000451.

Ausgehändigt
an
Kreissparkasse
zu Sprottau, selbst.

M. 4210.

Datum:
Sprottau,
den 1. März 1896.

Preussische Central-Genossenschafts-Kasse.

O. N. 000451.

Die M. 4210.

Preussische Central-Genossenschafts-Kasse
wolle zahlen gegen diesen Check aus meinem / unserem Guthaben an
die Kreissparkasse zu Sprottau ——— oder Ordre
Mark Viertausendzweihundertzehn. ———

Kreissparkasse zu Sprottau.

Sprottau, den 1. März 1896. (Firmen-Stempel)

N. N. Rendant — N. N. Controleur

Checks, in denen eine Zahlungsfrist angegeben ist, werden nicht bezahlt.

500 000
450 000
400 000
350 000
300 000
250 000
200 000
150 000
100 000
50 000
40 000
30 000
20 000
10 000
5 000
4 000
3 000
2 000
1 000
500

Vor Ausgabe dieses Checks abzutrennen.

Rückseite.

Rückseite der Abrissleiste.

Betrag erhalten

Sprottau, den 1. März 1896

Kreissparkasse zu Sprottau.

N. N. Rendant — N. N. Controleur

Dieser Check wird von allen mit Kassenverwaltungen versehenen Reichsbankanstalten, oder wo solche nicht bestehen von den Regierungshauptkassen oder Kreiskassen 2 bis 3 Tage nach Eingang eingelöst

... bis 4000

Vor Ausgabe dieses Checks abzutrennen.

b.

Vorderseite.

Abrissleiste.

O. N. 000451.

Ausgehändigt an Heinrich Schulze in Sprottau

M. 4210

Datum Sprottau, den 1. März 1896

Preussische Central-Genossenschafts-Kasse.

O. N. 000451.

M. 4210.

Die Preussische Central-Genossenschafts-Kasse wolle zahlen gegen diesen Check aus meinem / unserem Guthaben an Herrn Heinrich Schulze in Sprottau oder Order

Mark Viertausendzweihundertzehn.

Sprottau, den 1. März 1896

Kreissparkasse zu Sprottau.

Vor Ausgabe dieses Checks abzutrennen

Rückseite.

Rückseite der Abrissleiste.

Betrag erhalten

Sprottau, den 3. März 1896

Heinrich Schulze.

Vor Ausgabe dieses Checks abzutrennen

Vorderseite.

Abrissleiste.

O. N. 000 451.

Ausgehändigt
an
Heinrich Schulze
in Sprottau
M. 4210.
Datum
1. März 1896.

Preussische Central-Genossenschafts-Kasse.

O. N. 000 451.

Die M 4210.

Preussische Central-Genossenschafts-Kasse

wolle zahlen gegen diesen Check aus meinem / unserem Guthaben an

Herrn Heinrich Schulze in Sprottau

oder Ordre

Mark Viertausendzweihundertzehn.

Kreissparkasse zu Sprottau.

Sprottau, den 1. März 1896.

N. N. Rendant — N. N. Controleur

Checks, in denen eine Zahlungsfrist angegeben ist, werden nicht bezahlt.

500 000
450 000
400 000
350 000
300 000
250 000
200 000
150 000
100 000
50 000
40 000
30 000
20 000
10 000
5 000
4 000
3 000
2 000
1 000
500

Vor Ausgabe dieses Checks abzutrennen.

Rückseite.

Rückseite der Abrissleiste.

Für mich an die Ordre des Herrn Friedrich Winckler in Prenzlau Werth erhalten

Sprottau, den 2. März 1896.

Heinrich Schulze.

Für mich an die Ordre des Herrn Victor Schulte in Lübben Werth erhalten

Prenzlau, den 4. März 1896

Friedrich Winckler

Für mich an die Ordre der Berl. Handelsgesellschaft in Berlin Werth erhalten

Lübben, den 6. März 1896

Victor Schulte

Betrag erhalten

Berlin, den 7. März 1896

Berl. Handelsgesellschaft

Dieser Check wird von allen mit Kassenverkehr versehenen Reichsbankanstalten oder an solche nicht ... von den Regierungshauptkassen etc. Kassen ... bis 5 Tage nach Vorzeigung eingelöst

Unleserlich ..., der Rückseite des Zahlenwertes bis 1000

Vor Ausgabe dieses Checks abzutrennen.

Preußische Central-Genossenschafts-Kasse.

Berlin, im März 1897.

Ergänzung der allgemeinen Bedingungen für den Depositen-, Check- u. s. w. Verkehr rücksichtlich des Verkehrs der Preußischen Central-Genossenschafts-Kasse mit Zuckerfabriken.

In Ergänzung der für den Depositen-, Check- u. s. w. Verkehr geltenden allgemeinen von der Preußischen Central-Genossenschafts-Kasse festgesetzten Bedingungen werden für den Verkehr mit Zuckerfabriken nachstehende Zusatzbestimmungen erlassen.

I. (Vergl. Allgemeine Depositen-Bedingungen ad III 5 g.)

Die allgemeinen Bedingungen für den Depositen-, Check- u. s. w. Verkehr behalten auch für den Geschäftsverkehr mit Zuckerfabriken, soweit nachstehend Abänderungen nicht getroffen werden, ihre Gültigkeit. Im Besonderen steht auch den Zuckerfabriken für ihren Auszahlungsverkehr die Benutzung der Checks der Preußischen Central-Genossenschafts-Kasse offen. Die Checks der Preußischen Central-Genossenschafts-Kasse werden von den mit Kasseneinrichtungen versehenen Bankstellen der Reichsbank, oder, wo solche nicht bestehen, in Preußen durch die Königlichen Regierungs-, Haupt- und Kreiskassen eingelöst. Ferner hat der Herr Finanzminister die Benutzung der Checks der Preußischen Central-Genossenschafts-Kasse bei der Zahlung von Zöllen und indirekten Steuern durch Erlaß vom 5. Juli 1896 genehmigt.

II. (Zusatz zu den allgemeinen Depositen-Bedingungen ad I No. 2.)

Die Preußische Central-Genossenschafts-Kasse diskontirt den Zuckerfabriken bis zu einem für jede einzelne Fabrik besonders festzusetzenden Höchstbetrage Geschäftswechsel (d. h. keine eigenen Accepte, über diese siehe weiter unter IV C 2) zum jeweiligen, vom Reichsbank-Direktorium für diesen Geschäftszweig offiziell bekannt gemachten Zinsfuße.

III. (Zusatz zu den allgemeinen Depositen-Bedingungen ad I No. 2.)

Unabhängig von der Höhe der jeweils laufenden Wechselverbindlichkeiten kauft die Preußische Central-Genossenschafts-Kasse Steuervergütungs-Anerkenntnisse an. An Zinsen werden hierbei bis zum Verfalltage $1/_2$ % über dem am Tage des Ankaufes an der Berliner Börse notirten Privatdiskonte, jedoch nicht unter $2\,1/_2$ %, berechnet. Sobald sich der Privatdiskont zuzüglich $1/_2$ % höher stellen würde als der offizielle Zinsfuß der Reichsbank für Wechsel, so erfolgt die Abrechnung zum offiziellen Wechselzinsfuße der Reichsbank.

IV. (Zusatz bezw. Abänderung der allgemeinen Depositen-Bedingungen ad IV No. 3.)

Außer gegen Hinterlegung von Werthpapieren gewährt die Preußische Central-Genossenschafts-Kasse auch gegen Verpfändung von Zucker Kredit.

A. Uebertragung des Pfandbesitzes an dem zu hinterlegenden Zucker.

1. Nachdem der Herr Finanzminister durch Erlaß vom 27. Januar 1897 J.-Nr. 835 die

Genehmigung zur Mitwirkung der Organe der Verwaltung der indirekten Steuern bei der Uebertragung des Pfandbesitzes an Zucker ertheilt hat, kann der in den Privatlägern der Produzenten ruhende Zucker von der Preußischen Central-Genossenschafts-Kasse direkt an Ort und Stelle in Pfandbesitz genommen werden.

Formular A¹ S. 189.

a) **Zu diesem Zwecke** ist ein Schuld- und **Pfandschein mit** Pfandbesitzerklärung der **Steuerbehörde einzureichen.** Diesen Urkunden sind beizufügen:

1. ein Auszug aus dem Zuckerbegleitschein I;
2. die Feuer-Versicherungspolice oder eine Auszugsbescheinigung mit der in jedem einzelnen Falle einzureichenden Erklärung der betreffenden Gesellschaft, daß die Bescheinigung im Verhältniß zur Preußischen Central-Genossenschafts-Kasse vollständig an die Stelle der förmlichen Police trete oder ein Assekuranz-Certifikat. Prolongationsscheine der Feuerversicherungen sind stets rechtzeitig vor Ablauf der Versicherungen einzureichen;

3. das Attest eines vereideten Chemikers über die Qualität (Rendement) des zu verpfändenden Zuckers, da der Zuckerbegleitschein keinen oder nicht genügenden Anhalt hierfür bietet. Von diesem Atteste kann auf Grund näherer Vereinbarungen abgesehen werden.

b) Der Schlüssel des Verpfänders hat in den Händen der Steuerbehörde zu bleiben, die zum Zeichen der Verpfändung an den betreffenden Stapel Pfandtafeln anbringen wird, die vom Verpfänder zu beschaffen sind und den von der Reichsbank den Steuerbehörden im Jahre 1887 gelieferten Mustern entsprechen müssen.

2. Es kann ferner eine Verpfändung von nicht mehr in dem Fabriklager ruhendem Zucker durch Besitznahme desselben für die Preußische Central-Genossenschafts-Kasse seitens vertrauenswürdiger Spediteure auf Grund einer Anweisung des Verpfänders und durch Uebergabe der durch die Spediteure ausgestellten Lagerscheine erfolgen.

a) Zwecks Uebertragung des Pfandbesitzes ist ein Schuld- und Pfandschein nach anliegendem Schema einzureichen. Auf demselben muß sich die Erklärung des Pfandhalters befinden, daß er den Zucker auf Anweisung des Verpfänders für die Preußische Central-Genossenschafts-Kasse in Berlin in Pfandbesitz genommen habe, und ohne deren Genehmigung nichts davon an Andere abgegeben werden darf.

b) Diesen Urkunden sind der bezw. die von dem Pfandhalter nach anliegendem Schema auszustellenden Lagerscheine beizufügen. Es empfiehlt sich, über jedes Quantum von 500 Sack, gleich 50000 kg oder 1000 Centner netto, einen besonderen Lagerschein mit besonderer Bezeichnung der Waare auszustellen, damit die spätere theilweise Freigabe des Pfandes ohne Ausstellung eines neuen Schuld- und Pfandscheines möglich ist.

Aus jedem Lagerschein muß ersichtlich sein:

1. die Bezeichnung der Waare,
2. das Gewicht des Zuckers,
3. die Niederlage, wo der Zucker lagert,
4. daß der Zucker für keine anderen Ansprüche, besonders auch nicht für solche der Steuerbehörde, haftet.

c) Dem Schuld- und Pfandschein sind ferner beizufügen oder er muß enthalten:

1. eine Erklärung über die erfolgte Versicherung des Zuckers gegen Feuerschaden unter Nennung der Versicherungs-Gesellschaft oder ein Assekuranz-Certifikat; die Benachrichtigung der Feuerversicherungs-Gesellschaft durch den Pfandhalter hat nach anliegendem Schema zu erfolgen,
2. das Attest eines vereideten Chemikers über die Qualität (Rendement) des Zuckers, dem eine durch einen vereideten Probezieher vorgenommene Probenahme zu Grunde liegen muß. Von diesem Atteste kann abgesehen werden, wenn die Preußische Central-Genossenschafts-Kasse in anderer Weise sicher gestellt ist.

B. Beendigung des Pfandbesitzes.

1. Die Freigabe des Zuckers erfolgt auf Antrag (bei einer Verpfändung im Fabriklager nach Formular D) durch entsprechende Benachrichtigung der Steuer-Behörde oder Aushändigung der Lagerscheine in

dem Umfange, als das Unterpfand zur eventuellen Deckung der Verbindlichkeiten des Verpfänders der Preußischen Central-Genossenschafts-Kasse gegenüber nicht mehr erforderlich ist.

2. Bei bevorstehendem Aufhören des Steuerverschlusses hat die Rückzahlung bezw. Sicherstellung der gewährten Kredite sofort zu erfolgen, worauf das Unterpfand freigegeben wird. Erfolgt die Rückzahlung oder Sicherstellung auf Verlangen der Preußischen Central-Genossenschafts-Kasse nicht, so werden unverzüglich die nöthigen Vorkehrungen zur Sicherung der Preußischen Central-Genossenschafts-Kasse bezw. zum Verkaufe des Unterpfandes getroffen werden.

C. Umfang und Art des Kredites.

1. Im Allgemeinen wird Kredit bis zu 66 % des laut Notiz der Magdeburger Börse nach dem Rendement sich ergebenden Marktpreises, der aus dem Reichsanzeiger zu ersehen ist, gewährt. Es bleibt jedoch der Preußischen Central-Genossenschafts-

Kasse unbenommen die Notirungen einer anderen Börse zu Grunde zu legen und die Berechnung der dort geltenden Usance gemäß festzustellen. Wenn nach dem Atteste der Steuerbehörde der Zucker noch für andere Forderungen derselben haftet, so sind diese vor Ermittelung des Beleihungswerthes in Abzug zu bringen. Ist der verpfändete Zucker mit dem Anspruche auf Gewährung von Ausfuhrzuschuß abgefertigt, so muß der hierfür erhobene Betrag von dem Werthe des Zuckers ebenfalls gekürzt oder der Transitwerth zu Grunde gelegt werden.

2. Die Gewährung der auf Grund der Hinterlegung von Werthpapieren, Zucker u. s. w. zur Verfügung gestellten Kredite erfolgt im Wege des Wechselverkehrs, indem die Preußische Central-Genossenschafts-Kasse Drei-Monats-Accepte der Verpfänder bis zum Beleihungswerthe der Werthpapiere, des Zuckers u. s. w. zum jeweiligen offiziellen Zinssatze der Reichsbank für Wechsel, also 1 % unter dem Lombardzinsfuß der Reichsbank, diskontirt. Für die Ausschreibung der

Accepte stellt die Preußische Central-Genossenschafts-Kasse auf Antrag und nach vorheriger Vereinbarung ihre Unterschrift als Aussteller des Wechsels (Trassant) zur Verfügung; auch können die Accepte auf Wunsch bei der Preußischen Central-Genossenschafts-Kasse domizilirt werden.

3. Für alle mit diesem Accept-Verkehr zusammenhängenden Transaktionen eröffnet die Preußische Central-Genossenschafts-Kasse dem Verpfänder neben dem „Depositen-Konto A" ein besonderes, provisionsfreies „Special-Depositen-Konto A". Auf diesem Konto werden eingehende Summen bis zum Betrage der jeweils laufenden Acceptverbindlichkeiten gutgeschrieben und von der Preußischen Central-Genossenschafts-Kasse zum jeweiligen offiziellen Reichsbankzinsfuße für Wechsel, jedoch nie über dem Satze, zu dem die Accepte diskontirt worden sind, verzinst. Eingänge, die die Höhe der jeweils laufenden Acceptverbindlichkeiten übersteigen, werden auf Depositen-Konto A gutgeschrieben bezw. übertragen

und auf diesem Konto entsprechend den für dieses geltenden Bedingungen verzinst. Ueber die auf „Special-Depositen-Konto A" und auf „Depositen-Konto A" stehenden Guthaben kann der Verpfänder solange und in dem Umfange, als sie neben dem Unterpfande zur Deckung der Acceptverbindlichkeiten nicht erforderlich sind, frei verfügen.

D. Besondere Bestimmungen.

1. Sämmtliche aus diesem Verkehr entstehenden Unkosten haben die Verpfänder zu tragen. Insbesondere sind für die Mitwirkung der Steuerbeamten bei Einräumung, Erhaltung und Wiederaufhebung des Pfandbesitzes gemäß Verfügung des Herrn Finanzministers in jedem einzelnen Falle ½ pro Tausend Mark der Accept-Valuta an Gebühren zu vergüten.

2. Die Preußische Central-Genossenschafts-Kasse erklärt sich bereit, die Aufbewahrung von Zuckerlagerscheinen und

gegen Zahlung der Valuta auf Anweisung des Verpfänders deren Aushändigung kostenfrei zu übernehmen.

Direktorium
der Preußischen Central-Genossenschafts-Kasse.

Freiherr v. Huene.

zur Megede. **Dr. C. Heiligenstadt.**

Gelesen, genehmigt, unterschrieben.

.................................., den 18

Name:

Wohnort:

Lfd. Nr. ________ **A1.** (Schuld- und Pfandschein nebst Mittheilung der Steuerbehörde.)

.., den ... ten .... 18...

Von der Preußischen Central-Genossenschafts-Kasse zu Berlin habe.... ich/wir ein baares Darlehn von *M.* .... erhalten, das ich/wir nach den mir/uns bekannten Bedingungen der Preußischen Central-Genossenschafts-Kasse, die ich/wir hiermit als für mich/uns verbindlich ausdrücklich anerkenne...., zu verzinsen und spätestens innerhalb Jahresfrist zurückzuzahlen habe .

Zur Sicherheit meiner/unserer Schuld übertrage ich/wir dem Königl. Amte in .... bezw. den von diesem zu bezeichnenden Beamten für die Preußische Central-Genossenschafts-Kasse zu Berlin den Pfandbesitz an dem nach anliegendem Zuckerbegleitschein-Auszug sowie der untenstehenden Erklärung unter Mitverschluß des Königl. Amtes in .... in der Privatniederlage de........................ dem Zuschußlager d........................ lagernden inländischen Zucker im Werthe von *M.* ....

An
die Preußische Central-Genossenschafts-Kasse
zu Berlin.

Eine $\frac{\text{Police}}{\text{Bescheinigung}}$ der ......
über die erfolgte Versicherung des Zuckers gegen Feuersgefahr füge..... $\frac{\text{ich}}{\text{wir}}$ bei.

(Unterschrift.)

Das unterzeichnete Königl. ....
Amt erklärt hiermit, den in obigem Schuld- und Pfandschein erwähnten Zucker durch die hierzu ermächtigten Beamten der Königl. Steuer-Verwaltung unter Anbringung von .... Pfand-tafel...... und Vermerkung der Verpfändung im Niederlage-Register Konto ....
Blatt .... Nr. für die Preußische Central-Genossenschafts-Kasse zu Berlin in Pfandbesitz genommen zu haben, ohne deren Genehmigung davon nichts an Andere verabfolgt werden darf.

Auf diesen Zucker sind *M.* Ausfuhrzuschuß gewährt worden.

Eine Verpfändung des Zuckers an die Steuerbehörde für andere Forderungen derselben ist nicht erfolgt.

......................., den ......ten...................... 18

Königl. Amt,
Abfertigungsstelle.

(Dienststempel, Unterschrift.)

Lfd. Nr.

A². (Schuld- und Pfandschein nebst Attest des Pfandhalters.)

.... , den ...... ten 18 .....

Von der Preußischen Central-Genossenschafts-Kasse zu Berlin habe $\frac{\text{ich}}{\text{wir}}$ ein baares Darlehn von *M* ...... erhalten, das $\frac{\text{ich}}{\text{wir}}$ nach den $\frac{\text{mir}}{\text{uns}}$ bekannten Bedingungen der Preußischen Central-Genossenschafts-Kasse, die ich hiermit als für mich verbindlich ausdrücklich anerkenne, zu verzinsen und spätestens innerhalb Jahresfrist zurückzuzahlen habe

Zur Sicherheit $\frac{\text{meiner}}{\text{unserer}}$ Schuld übertrage.... $\frac{\text{ich}}{\text{wir}}$ d Herr ......
bezw. den von diese zu bezeichnenden Personen für die Preußische Central-Genossenschafts-Kasse zu Berlin den Pfandbesitz an dem nach anliegende Lagerschein
unter Verschluß ....
in der Niederlage
lagernden inländischen Zucker im Werthe von *M*.

(Unterschrift.)

13

D....... Unterzeichnete..... erklär hiermit, den in de.... Lagerscheine.. verzeichneten, unter Verschluß ....

....

in der Niederlage ....

....

lagernden inländischen Zucker für die Preußische Central-Genossenschafts-Kasse zu Berlin in Pfandbesitz genommen zu haben, und verpflichte..... sich, ohne Genehmigung der Preußischen Central-Genossenschafts-Kasse davon nichts an Andere zu verabfolgen.

Eine Haftung dieses Zuckers für andere Forderungen als die der Preußischen Central-Genossenschafts-Kasse besteht nicht.

.........................., den.......ten.......................... 18.......

(Unterschrift.)

Zu A2. (Lagerschein.)

(Firmenstempel bezw Name des Spediteurs ....

....

Nr. .... Fol. ....

Lagerschein

über

zu nachstehenden Bedingungen und zur Verfügung der Preußischen Central-Genossenschafts-Kasse zu Berlin empfangenen und gelagerten Zucker.

Marke und Nummer.	
Anzahl und Packung.	
Inhalt.	Rohzucker Ites Produkt.
Gewicht.	
Lager.	
Bemerkungen.	

.........................., den ......ten .... 18__

(Unterschrift.)

D. Unterzeichnete ha den vorstehend verzeichneten Zucker gegen Feuersgefahr bei ....

....

Police Nr. versichert und die Gesellschaft durch Anschreiben vom angewiesen, im Brandschadensfalle die zu entrichtenden Entschädigungen nur an die Preußische Central-Genossenschafts-Kasse in Berlin zu zahlen. Dieses Anschreiben wird der Preußischen Central-Genossenschafts-Kasse mit der Erklärung der Feuer-Versicherungs-Gesellschaft durch diese urschriftlich zugestellt werden.

Die Auslieferung des in diesem Lagerschein verzeichneten Zuckers erfolgt gegen Rückgabe dieses Lagerscheines nur an die obengenannte Firma oder Person, nicht an deren Ordre. Zur Prüfung der Legitimation des Inhabers sind wir berechtigt, aber nicht verpflichtet.

....................., den ....ten.................... 18

(Unterschrift.)

Zu A². (Erklärung, betr. die erfolgte Feuerversicherung.)

, den ...... ten .... 18......

(Firma der Feuer-Versicherungs-Gesellschaft.)

theile... hierdurch mit, daß heute nachstehende Waaren

Marke und Nummer.	
Anzahl und Packung.	
Inhalt.	Rohzucker Ites Produkt.
Gewicht.	
Ungef. Marktwerth.	
Lager.	
Bemerkungen.	

für die Preußische Central-Genossenschafts-Kasse in Berlin in Pfandbesitz genommen habe...

Der mit diesem und den früheren Schreiben der Gesellschaft aufgegebene gesammte, für die genannte Kasse in Pfandbesitz genommene Zucker beträgt nunmehr

.... Sack, im Gewichte von .... kg br.
und im ungefähren Marktwerthe von ℳ ....

Im Falle eines etwaigen Brandschadens, von dem der der Preußischen Central-Genossenschafts-Kasse in Berlin verpfändete Zucker betroffen werden sollte, ersuchen wir Sie, die darauf fällig werdenden Entschädigungssummen nur an die Preußische Central-Genossenschafts-Kasse in Berlin auszahlen zu wollen.

(Unterschrift.)

Urschriftlich an die Preußische Central-Genossenschafts-Kasse

in Berlin

übersandt mit der Erklärung, daß bei unserer Gesellschaft auf Police Nr. .... die Versicherung des oben verzeichneten Zuckers gegen Feuerschaden mit *M.* ...... erfolgt und die bis zum .... fällige Prämie gezahlt ist.

Die Versicherung erlischt mit dem ....

....

Wir verpflichten uns hiermit im Brandschadensfalle, die auf den für die Preußische Central-Genossenschafts-Kasse in Berlin in Pfandbesitz genommenen Zucker fällig werdenden Entschädigungen nur an die Preußische Central-Genossenschafts-Kasse in Berlin auszuzahlen.

Diese Bescheinigung steht der Police Nr. .... gleich.

......................., den ...... ten .... 18......

(Unterschrift.)

D. (Antrag auf Freigabe von Zucker.)

.................., den ......ten .... 18......

Die Preußische Central-Genossenschafts-Kasse
in
Berlin

ersuche ... ich/wir ergebenst, von dem Wohlderselben von mir/uns mit dem Schuld- und Pfandschein Nr. .... vom .... verpfändeten, im Pfandgewahrsam des Königlichen -Amts in lagernden Zucker (Konto Blatt Nr. des Niederlage-Registers) .... Sack = ... Kilogramm netto, geschrieben

....

freigeben zu wollen.

(Unterschriften.) ....

Urschriftlich dem Königlichen ....-Amt
in ....

mit dem ergebenen Bemerken übersandt, daß wir den vorstehenden Antrag genehmigt haben und den obigen Zucker freigeben.

Berlin, den ....ten .... 18.........

Preußische Central-Genossenschafts-Kasse.

Preußische Central-Genossenschafts-Kasse.

Berlin, im März 1897.

Ergänzung der allgemeinen Bedingungen für den Depositen-, Check- u. s. w. Verkehr rücksichtlich des Verkehrs der Preußischen Central-Genossenschafts-Kasse mit Zuckerfabriken.

Vergl. S. 145—155.

In Ergänzung der für den Depositen-, Check- u. s. w. Verkehr geltenden allgemeinen von der Preußischen Central-Genossenschafts-Kasse festgesetzten Bedingungen werden für den Verkehr mit Zuckerfabriken nachstehende Zusatzbestimmungen erlassen.

I. (Vergl. Allgemeine Depositen-Bedingungen ad III 5 g.)

Die allgemeinen Bedingungen für den Depositen-, Check- u. s. w. Verkehr behalten auch für den Geschäftsverkehr mit Zuckerfabriken, soweit nachstehend Abänderungen nicht getroffen werden, ihre Gültigkeit. Im Besonderen steht auch den Zuckerfabriken für ihren Auszahlungsverkehr die Benutzung der Checks der Preußischen Central-Genossenschafts-Kasse offen. Die Checks der Preußischen Central-Genossenschafts-Kasse werden von den mit Kasseneinrichtungen versehenen Bankstellen der Reichsbank, oder, wo solche nicht bestehen, in Preußen durch die Königlichen Regierungs-, Haupt- und Kreiskassen eingelöst. Ferner hat der Herr Finanzminister die Benutzung der Checks der Preußischen Central-Genossenschafts-Kasse bei der Zahlung von Zöllen und indirekten Steuern durch Erlaß vom 5. Juli 1896 genehmigt.

II. (Zusatz zu den allgemeinen Depositen-Bedingungen ad I No. 2.)

Die Preußische Central-Genossenschafts-Kasse diskontirt den Zuckerfabriken bis zu einem für jede einzelne Fabrik besonders festzusetzenden Höchstbetrage Geschäftswechsel (d. h. keine eigenen Accepte, über diese siehe weiter unter IV C 2) zum jeweiligen, vom Reichsbank-Direktorium für diesen Geschäftszweig offiziell bekannt gemachten Zinsfuße.

III. (Zusatz zu den allgemeinen Depositen-Bedingungen ad I No. 2.)

Unabhängig von der Höhe der jeweils laufenden Wechselverbindlichkeiten kauft die Preußische Central-Genossenschafts-Kasse Steuervergütungs-Anerkenntnisse an. An Zinsen werden hierbei bis zum Verfalltage $^1/_2$ % über dem am Tage des Ankaufes an der Berliner Börse notirten Privatdiskonte, jedoch nicht unter $2^1/_2$ %, berechnet. Sobald sich der Privatdiskont zuzüglich $^1/_2$ % höher stellen würde als der offizielle Zinsfuß der Reichsbank für Wechsel, so erfolgt die Abrechnung zum offiziellen Wechselzinsfuße der Reichsbank.

IV. (Zusatz bezw. Abänderung der allgemeinen Depositen-Bedingungen ad IV. No. 3.)

Außer gegen Hinterlegung von Werthpapieren gewährt die Preußische Central-Genossenschafts-Kasse auch gegen Verpfändung von Zucker Kredit.

A. Uebertragung des Pfandbesitzes an dem zu hinterlegenden Zucker.

1. Nachdem der Herr Finanzminister durch Erlaß vom 27. Januar 1897 J.-N. 835 die

Genehmigung zur Mitwirkung der Organe der Verwaltung der indirekten Steuern bei der Uebertragung des Pfandbesitzes an Zucker ertheilt hat, kann der in den Privatlägern der Produzenten ruhende Zucker von der Preußischen Central-Genossenschafts-Kasse direkt an Ort und Stelle in Pfandbesitz genommen werden.

a) Zu diesem Zwecke ist ein Schuld- und Pfandschein mit Pfandbesitzerklärung der Steuerbehörde einzureichen. Diesen Urkunden sind beizufügen:

1. ein Auszug aus dem Zuckerbegleitschein I;
2. ein Assecuranz-Certificat einer dem Verbande deutscher Privat-Feuer-Versicherungs-Gesellschaften angehörenden Gesellschaft. Die Annahme von Policen oder von Assecuranz-Certificaten anderer Gesellschaften bleibt dem Ermessen des Directoriums vorbehalten.
3. das Attest eines vereideten Chemikers über die Qualität (Rendement) des zu verpfändenden Zuckers, da der Zuckerbegleitschein keinen oder nicht genügenden Anhalt hierfür bietet.

Von diesem Atteste kann auf Grund näherer Vereinbarungen abgesehen werden.

b) Der Schlüssel des Verpfänders hat in den Händen der Steuerbehörde zu bleiben, die zum Zeichen der Verpfändung an den betreffenden Stapel Pfandtafeln anbringen wird, die vom Verpfänder zu beschaffen sind und den von der Reichsbank den Steuerbehörden im Jahre 1887 gelieferten Mustern entsprechen müssen.

2. Es kann ferner eine Verpfändung von nicht mehr in dem Fabriklager ruhendem Zucker durch Besitznahme desselben für die Preußische Central-Genossenschafts-Kasse seitens vertrauenswürdiger Spediteure auf Grund einer Anweisung des Verpfänders und durch Uebergabe der durch die Spediteure ausgestellten Lagerscheine erfolgen

Formular A[3] Z. 191.

a) Zwecks Uebertragung des Pfandbesitzes ist ein Schuld- und Pfandschein nach anliegendem Schema einzureichen. Auf demselben muß sich die Erklärung des Pfandhalters befinden, daß er den Zucker auf Anweisung des Verpfänders für die Preußische Central-Genossenschafts-Kasse in Berlin in Pfandbesitz genommen habe, und ohne deren Genehmigung nichts davon an Andere abgegeben werden darf.

b) Diesen Urkunden sind der bezw. die von dem Pfandhalter möglichst nach anliegendem Schema auszustellenden Lagerscheine beizufügen. Es empfiehlt sich, über jedes Quantum von 500 Sack, gleich 50000 kg oder 1000 Centner netto, einen besonderen Lagerschein mit besonderer Bezeichnung der Waare auszustellen, damit die spätere theilweise Freigabe des Pfandes ohne Ausstellung eines neuen Schuld- und Pfandscheines möglich ist.

Aus jedem Lagerschein muß ersichtlich sein:

1. die Bezeichnung der Waare,
2. das Gewicht des Zuckers,
3. die Niederlage, wo der Zucker lagert,
4. daß der Zucker für keine anderen Ansprüche, besonders auch nicht für solche der Steuerbehörde, haftet.

c) Dem Schuld- und Pfandschein sind ferner beizufügen oder er muß enthalten:

1. ein Assecuranz-Certificat einer dem Verbande deutscher Privat-Feuerversicherungs-Gesellschaften ange-

hörenden Gesellschaft. Die Annahme von Policen oder von Assecuranz-Certificaten anderer Gesellschaften bleibt dem Ermessen des Directoriums vorbehalten.

2. das Attest eines vereideten Chemikers über die Qualität (Rendement) des Zuckers, dem eine durch einen vereideten Probezieher vorgenommene Probenahme zu Grunde liegen muß. Von diesem Atteste kann abgesehen werden, wenn die Preußische Central-Genossenschafts-Kasse in anderer Weise sicher gestellt ist.

B. Beendigung des Pfandbesitzes.

Formular D S. 213.

1. Die Freigabe des Zuckers erfolgt auf Antrag (bei einer Verpfändung im Fabriklager nach Formular D) durch entsprechende Benachrichtigung der Steuer-Behörde oder Aushändigung der Lagerscheine in dem Umfange, als das Unterpfand zur eventuellen Deckung der Verbindlichkeiten des Verpfänders der Preußischen Central-Genossenschafts-Kasse gegenüber nicht mehr erforderlich ist.

2. Bei bevorstehendem Aufhören des Steuerverschlusses hat die Rückzahlung bezw. Sicherstellung der gewährten Kredite sofort zu erfolgen, worauf das Unterpfand freigegeben wird. Erfolgt die Rückzahlung oder Sicherstellung auf Verlangen der Preußischen Central-Genossenschafts-Kasse nicht, so werden unverzüglich die nöthigen Vorkehrungen zur Sicherung der Preußischen Central-Genossenschafts-Kasse bezw. zum Verkaufe des Unterpfandes getroffen werden.

C. Umfang und Art des Kredites.

1. Im Allgemeinen wird Kredit bis zu 66 % des laut Notiz der Magdeburger Börse nach dem Rendement sich ergebenden Marktpreises, der aus dem Reichsanzeiger zu ersehen ist, gewährt. Es bleibt jedoch der Preußischen Central-Genossenschafts-Kasse unbenommen, die Notirungen einer anderen Börse zu Grunde zu legen und die Berechnung der dort geltenden Usance gemäß festzustellen. Wenn nach dem Atteste der Steuerbehörde der Zucker noch für

andere Forderungen derselben haftet, so sind diese vor Ermittelung des Beleihungswerthes in Abzug zu bringen. Ist der verpfändete Zucker mit dem Anspruche auf Gewährung von Ausfuhrzuschuß abgefertigt, so muß der hierfür erhobene Betrag von dem Werthe des Zuckers ebenfalls gekürzt oder der Transitwerth zu Grunde gelegt werden.

2. Die Gewährung der auf Grund der Hinterlegung von Werthpapieren, Zucker u. s. w. zur Verfügung gestellten Kredite erfolgt im Wege des Wechselverkehrs, indem die Preußische Central-Genossenschafts-Kasse Drei-Monats-Accepte der Verpfänder bis zum Beleihungswerthe der Werthpapiere, des Zuckers u. s. w. zum jeweiligen offiziellen Zinssatze der Reichsbank für Wechsel, also 1 % unter dem Lombardzinsfuß der Reichsbank, diskontirt.

3. Für alle mit diesem Accept-Verkehr zusammenhängenden Transaktionen eröffnet die Preußische Central-Genossenschafts-Kasse dem Verpfänder neben dem „Depositen-Konto A" ein besonderes, provisions-

freies „Special-Depositen-Konto A". Auf diesem Konto werden eingehende Summen bis zum Betrage der jeweils laufenden Acceptverbindlichkeiten gutgeschrieben und von der Preußischen Central-Genossenschafts-Kasse zum jeweiligen offiziellen Reichsbankzinsfuße für Wechsel, jedoch nie über dem Satze, zu dem die Accepte diskontirt worden sind, verzinst. Eingänge, die die Höhe der jeweils laufenden Acceptverbindlichkeiten übersteigen, werden auf Depositen-Konto A gutgeschrieben bezw. übertragen und auf diesem Konto entsprechend den für dieses geltenden Bedingungen verzinst. Ueber die auf „Special-Depositen-Konto A" und auf „Depositen-Konto A" stehenden Guthaben kann der Verpfänder solange und in dem Umfange, als sie neben dem Unterpfande zur Deckung der Acceptverbindlichkeiten nicht erforderlich sind, frei verfügen.

D. Besondere Bestimmungen.

1. Sämmtliche aus diesem Verkehr entstehenden Unkosten haben die Verpfänder

zu tragen. Insbesondere sind für die Mitwirkung der Steuerbeamten bei Einräumung, Erhaltung und Wiederaufhebung des Pfandbesitzes gemäß Verfügung des Herrn Finanzministers in jedem einzelnen Falle $^1/_2$ pro Tausend Mark der Accept-Valuta an Gebühren zu vergüten.

2. Die Preußische Central-Genossenschafts-Kasse erklärt sich bereit, die Aufbewahrung von Zuckerlagerscheinen und gegen Zahlung der Valuta auf Anweisung des Verpfänders deren Aushändigung kostenfrei zu übernehmen.

Direktorium
der Preußischen Central-Genossenschafts-Kasse.

Freiherr v. Huene.

zur Megede. Dr. C. Heiligenstadt.

Gelesen, genehmigt, unterschrieben.

.............................., den 18

Name: ....

Wohnort:

Zuckerlombard durch Vermittelung.

Lfd. Nr. .... **A 1b.** (Schuld- und Pfandschein nebst Mittheilung der Steuerbehörde.)

Von der Preußischen Central-Genossenschafts-Kasse zu Berlin hat ....
....zu ....
ein baares Darlehn von *M.* .... erhalten, das d.........selbe nach den Bedingungen der Preußischen Central-Genossenschafts-Kasse zu verzinsen und spätestens innerhalb Jahresfrist zurückzuzahlen hat.

Zur Sicherheit dieser Darlehnsschuld d.......
....zu ....ver-pfänden wir und übertragen dem Königlichen
-Amte zu .... bezw. den von diesem zu bezeichnenden Beamten für die Preußische Central-Genossenschafts-Kasse zu Berlin den Pfandbesitz an dem nach anliegendem Zuckerbegleitschein-Auszug sowie der umstehenden Erklärung unter Mitverschluß des Königlichen ....-Amtes zu ....
in der Privatniederlage d.....
.... dem Zuschußlager d
lagernden inländischen Zucker im Werthe von
M. ....

Ein Assekuranz-Certifikat der ....
über die erfolgte Versicherung des Zuckers gegen Feuersgefahr fügen wir bei.

(Unterschrift des Pfandbestellers.)

An die
Preußische Central-Genossenschafts-Kasse zu Berlin.

Das unterzeichnete Königliche
Amt erklärt hiermit, den in vorseitigem Schuld- und Pfandschein erwähnten Zucker durch die hierzu ermächtigten Beamten der Königlichen Steuer-Verwaltung unter Anbringung von Pfandtafel... und Vermerkung der Verpfändung im Niederlage-Register Konto .... Blatt ...... Nr. ...
für die Preußische Central-Genossenschafts-Kasse zu Berlin in Pfandbesitz genommen zu haben, ohne deren Genehmigung davon nichts an Andere verabfolgt werden darf.

Auf diesen Zucker sind *M.* .... Ausfuhrzuschuß gewährt worden.

Eine Verpfändung des Zuckers an die Steuerbehörde für andere Forderungen derselben ist nicht erfolgt.

, den ......ten .... 18.....

Königliches ....-Amt.

Abfertigungsstelle

(Dienststempel, Unterschrift.)

B. (Bewilligung des Darlehns.)

Preußische Central-Genossenschafts-Kasse
zu Berlin (N.W. 7, Dorotheenstr. 42).

Reichsbank Giro-Conto.
Fernsprech-Anschluß
Amt I. Nr. 1678.

Telegramm-Adresse
Preußenkasse Berlin.

Berlin N.W. 7, den 189

J.-Nr. ....

An

zu ....

Auf Grund des Pfandscheins der .... zu .... vom ......ten .... 18...... haben wir Ihnen einen Kredit zwecks Discontirung von Accepten der .... zu .... in der von uns festgesetzten Form bis zum Höchstbetrage

von *M.* ....

eingeräumt.

Der Ihnen im Ganzen zu diesem Zwecke eingeräumte Kredit beträgt nunmehr

M. ....

Preußische Central-Genossenschafts-Kasse.

C. (Benachrichtigung der Steuerbehörde vom Abschluß des Pfandvertrages, bezw. Ablehnung des Gesuchs.)

Preußische Central-Genossenschafts-Kasse
zu Berlin (N.W. 7, Dorotheenstr. 42).

Reichsbank Giro-Conto.
Fernsprech-Anschluß
Amt I. Nr. 1678.

Telegramm-Adresse:
Preußenkasse Berlin.

Berlin N.W. 7, den 189

J.-Nr. ....

An

das Königliche .... Amt

zu

....

Dem Königlichen ....-Amte zu .... theilen wir ergebenst mit, daß wir de.............................. zu wegen de.............................. zu .... auf den in Wohldesselben Pfandgewahrsam für uns übernommenen, in der dortseitigen Bescheinigung vom näher bezeichneten Zucker ein Wechsel-Darlehn im Betrage von

M. ....

gewährt haben.

Preußische Central-Genossenschafts-Kasse.

D. (Antrag auf Freigabe von Zucker.)

.............., den ....ten .... 18..

Die Preußische Central-Genossenschafts-Kasse

zu

Berlin

ersuchen wir ergebenst, von dem Wohlderselben von uns mit dem Pfandschein Nr. .... vom ....ten .. 18..... verpfändeten, im Pfandgewahrsam des Königlichen ....-Amts zu .... lagernden Zucker (Konto Blatt Nr. .... des Niederlage-Registers) Sack = ... Kilogramm netto, geschrieben:

....

freigeben zu wollen.

(Unterschrift des Pfandbestellers.) (Unterschrift des Darlehnsempfängers.)

Urschriftlich dem Königlichen ....-Amt

zu ....

mit dem ergebenen Bemerken übersandt, daß wir den vorstehenden Antrag genehmigt haben und das oben genannte Quantum freigeben.

Berlin, den ten 18.....

Preußische Central-Genossenschafts-Kasse.

E. (Benachrichtigung von der Verminderung des Unterpfandes.)

.............................., den ......ten .... 18 ....

Die Preußische Central-Genossenschafts-Kasse benachrichtigen wir ergebenst, daß in Folge der Freigabe-Erklärung vom ...... von dem auf Konto .... Blatt .... Nr. .... des Niederlage-Registers vermerkten und verpfändeten Zucker .... Sack = ... Kilogramm netto an Herrn .... in .... herausgegeben sind.

Königliches ....-Amt.

(Dienststempel.)

An
die Preußische Central-Genossenschafts-Kasse
in
Berlin N.W. 7.
Dorotheenstr. 42.

F. (Aufhören des steueramtlichen Mitverschlusses.)

.............................., den .....ten .... 18.....

Der Preußischen Central-Genossenschafts-Kasse

in

Berlin

theilen wir ergebenst mit, daß der steueramtliche Mitverschluß des in unserem Pfandgewahrsam befindlichen, von Herrn

....

in .... Wohlderselben verpfändeten und auf Konto .... Blatt .... Nr. .... des Niederlage-Registers verzeichneten Zuckers am aufhören wird. Den Pfandbesitz werden wir so lange fortsetzen, bis Wohldieselbe das Pfand freigiebt oder selbst übernimmt.

Königliches ....-Amt.

(Dienststempel.)

Preußische Central-Genossenschafts-Kasse.

Berlin, im März 1897.

Ergänzung der allgemeinen Bedingungen für die Laufende Rechnung rücksichtlich des Waaren-Lombard-Verkehres der Preußischen Central-Genossenschafts-Kasse.

In Ergänzung der allgemeinen von der Preußischen Central-Genossenschafts-Kasse für die Laufende Rechnung festgesetzten Bedingungen werden für den Waaren-Lombard-Verkehr nachstehende Zusatzbestimmungen erlassen.

I. **(Vergl. Allgemeine Bedingungen für die Laufende Rechnung.)**

Die allgemeinen Bedingungen behalten auch für den Waaren-Lombard-Verkehr, soweit nachstehend Abänderungen nicht getroffen werden, ihre Gültigkeit.

II. **(Zusatz zu den allgemeinen Bedingungen.)**

Unabhängig von der Höhe der jeweils laufenden Wechselverbindlichkeiten kauft die

Preußische Central-Genossenschafts-Kasse Steuervergütungs-Anerkenntnisse an. An Zinsen werden hierbei bis zum Verfalltage $1/2$ % über dem am Tage des Ankaufes an der Berliner Börse notirten Privatdiskonte, jedoch nicht unter $2 1/2$ %, berechnet. Sobald sich der Privatdiskont zuzüglich $1/2$ % höher stellen würde als der offizielle Zinsfuß der Reichsbank für Wechsel, so erfolgt die Abrechnung zum offiziellen Wechselzinsfuße der Reichsbank

A. Uebertragung des Pfandbesitzes an dem zu hinterlegenden Spiritus.

1. Nachdem der Herr Finanzminister die Genehmigung zur Mitwirkung der Organe der Verwaltung der indirekten Steuern bei der Uebertragung des Pfandbesitzes an Spiritus ertheilt hat, kann der in den Privatlägern der Produzenten ruhende Spiritus von der Preußischen Central-Genossenschafts-Kasse direkt an Ort und Stelle in Pfandbesitz genommen werden.

a) Zu diesem Zwecke ist ein Schuld- und Pfandschein mit Pfandbesitzerklärung der Steuerbehörde einzureichen. Diesen Urkunden sind beizufügen:

1. ein Auszug aus dem Begleitschein I;
2. Assekuranz-Certifikat; Prolongations-

scheine der Feuer-Versicherungen sind stets rechtzeitig vor Ablauf der Versicherungen einzureichen;

3. das Attest über die Qualität (Rendement) des zu verpfändenden Spiritus, da der Begleitschein keinen oder nicht genügenden Anhalt hierfür bietet. Von diesem Atteste kann auf Grund näherer Vereinbarungen abgesehen werden.

b) Der Schlüssel des Verpfänders hat in den Händen der Steuerbehörde zu bleiben, die zum Zeichen der Verpfändung Pfandtafeln anbringen wird, die vom Verpfänder zu beschaffen sind und den von der Reichsbank den Steuerbehörden im Jahre 1887 gelieferten Mustern entsprechen müssen.

B. Beendigung des Pfandbesitzes.

Formular E S. 223.

1. Die Freigabe des Spiritus erfolgt auf Antrag (bei einer Verpfändung im Fabriklager nach Formular E) durch entsprechende Benachrichtigung der Steuerbehörde oder Aushändigung der Lagerscheine in dem Umfange, als das Unter-

pfand zur eventuellen Deckung der Verbindlichkeiten des Verpfänders der Preußischen Central-Genossenschafts-Kasse gegenüber nicht mehr erforderlich ist.

2. Bei bevorstehendem Aufhören des Steuerverschlusses hat die Rückzahlung bezw. Sicherstellung der gewährten Kredite sofort zu erfolgen, worauf das Unterpfand freigegeben wird. Erfolgt die Rückzahlung oder Sicherstellung auf Verlangen der Preußischen Central-Genossenschafts-Kasse nicht, so werden unverzüglich die nöthigen Vorkehrungen zur Sicherung der Preußischen Central-Genossenschafts-Kasse bezw. zum Verkaufe des Unterpfandes getroffen werden.

C. Umfang und Art des Kredites.

1. Im Allgemeinen wird Kredit bis zu 66 % des laut Börsen-Notiz sich ergebenden Marktpreises, der aus dem Reichsanzeiger zu ersehen ist, gewährt. Es bleibt jedoch der Preußischen Central-Genossenschafts-Kasse unbenommen, die Notirungen einer beliebigen Börse oder einen anderen Marktpreis zu Grunde zu

legen und die Berechnung der dort geltenden Usance gemäß festzustellen. Wenn nach dem Atteste der Steuerbehörde der Spiritus noch für andere Forderungen derselben haftet, so sind diese vor Ermittelung des Beleihungswerthes in Abzug zu bringen.

2. Die Gewährung der auf Grund der Hinterlegung von Werthpapieren, Spiritus u. s. w. zur Verfügung gestellten Kredite erfolgt im Wege des Wechselverkehrs, indem die Preußische Central-Genossenschafts-Kasse Drei-Monats-Accepte der Verpfänder bis zum Beleihungswerthe der Werthpapiere, des Spiritus u. s. w. zum jeweiligen offiziellen Zinssatze der Reichsbank für Wechsel, also 1 % unter dem Lombardzinsfuß der Reichsbank, diskontirt. Die Accepte können auf Wunsch bei der Preußischen Central-Genossenschafts-Kasse domizilirt werden.

3. Für alle mit diesem Accept-Verkehr zusammenhängenden Transaktionen eröffnet die Preußische Central-Genossenschafts-Kasse dem Verpfänder neben dem „Depositen-Konto A“ ein besonderes,

provisionsfreies „Special-Depositen-Konto A“. Auf diesem Konto werden eingehende Summen bis zum Betrage der jeweils laufenden Acceptverbindlichkeiten gutgeschrieben und von der Preußischen Central-Genossenschafts-Kasse zum jeweiligen offiziellen Reichsbankzinsfuße für Wechsel, jedoch nie über dem Satze, zu dem die Accepte diskontirt worden sind, verzinst. Eingänge, die die Höhe der jeweils laufenden Acceptverbindlichkeiten übersteigen, werden auf Depositen-Konto A gutgeschrieben bezw. übertragen und auf diesem Konto entsprechend den für dieses geltenden Bedingungen verzinst. Ueber die auf „Special-Depositen-Konto A“ und auf „Depositen-Konto A“ stehenden Guthaben kann der Verpfänder solange und in dem Umfange, als sie neben dem Unterpfande zur Deckung der Acceptverbindlichkeiten nicht erforderlich sind, frei verfügen.

D. Besondere Bestimmungen.

1. Sämmtliche aus diesem Verkehr entstehenden Unkosten haben die Verpfänder

zu tragen. Insbesondere sind für die Mitwirkung der Steuerbeamten bei Einräumung, Erhaltung und Wiederaufhebung des Pfandbesitzes gemäß Verfügung des Herrn Finanzministers in jedem einzelnen Falle $1/2$ pro Tausend Mark der Accept-Valuta an Gebühren zu vergüten.

2. Die Preußische Central-Genossenschafts-Kasse erklärt sich bereit, die Aufbewahrung von Spirituslagerscheinen und gegen Zahlung der Valuta auf Anweisung des Verpfänders deren Aushändigung kostenfrei zu übernehmen.

Direktorium
der Preußischen Central-Genossenschafts-Kasse.
Freiherr von Huene.
zur Megede. Dr. C. Heiligenstadt.

Gelesen, genehmigt, unterschrieben.

...., den 18

Name: ....

Wohnort: ......

Spiritus-Lombard.

Lfd. Nr. .....

A. (Schuld- und Pfandschein.)

Von der Preußischen Central-Genossenschafts-Kasse zu Berlin hat die .... zu .... ein baares Darlehn von *M* .... erhalten, das dieselbe nach den Bedingungen der Preußischen Central-Genossenschafts-Kasse zu verzinsen und spätestens innerhalb Jahresfrist zurückzuzahlen hat.

Zur Sicherheit dieser Darlehnsschuld der .... zu .... verpfänden wir und übertragen dem Königlichen .... Amte zu .... bezw. den von diesem zu bezeichnenden Beamten für die Preußische Central-Genossenschafts-Kasse zu Berlin den Pfandbesitz an dem nach umstehender Bescheinigung des Königlichen .... Amtes zu .... unter dessen Mitverschluß (Lagerort und Lagerraum) .... lagernden verbrauchsabgabepflichtigen inländischen Branntwein sowie an allem, demselben in dem gleichen Verhältniß etwa noch hinzutretenden Branntwein.

Ein Assekuranz-Certifikat der .... zu .... über die erfolgte Versicherung des Branntweins gegen Feuersgefahr fügen wir bei.

(Unterschrift des Pfandbestellers.)

An
die Preußische Central-Genossenschafts-Kasse
zu Berlin N.W. 7.

Das unterzeichnete Königliche Amt bescheinigt hiermit, daß laut Konto Nr. des Niederlage-Registers unter seinem Mitverschluß auf den Namen d.............. ..... zu .... eine Menge von .... mit Buchstaben ....

Literprozente verbrauchsabgabepflichtigen, inländischen Branntweins lagert. An Verbrauchsabgabe haften auf demselben 0,...... *M* und an Zuschlag 0,...... *M* für das Liter reinen Alkohols. Eine Verpfändung dieses Branntweins an die Steuerbehörde für dieser zustehende Forderungen ist nicht erfolgt.

Dieser Branntwein ist durch die hierzu ermächtigten Beamten der Königlichen Steuer-Verwaltung mittelst Uebernahme des dem Verpfänder gehörenden Schlüssels zum Lagerraume, sowie durch Anbringung einer Pfandtafel für die Preußische Central-Genossenschafts-Kasse zu Berlin in Pfandbesitz genommen worden.

, den ten 18..

Königliches ....-Amt.

(Dienststempel.) (Unterschriften.)

B. (Bewilligung des Darlehns.)

Preußische Central-Genossenschafts-Kasse
zu Berlin (N.W. 7, Dorotheenstr. 42).

Reichsbank Giro-Conto.
Fernsprech-Anschluß
Amt I. Nr. 1678.

Telegramm-Adresse:
Preußenkasse Berlin.

Berlin N.W. 7, den 189

J.-Nr. ....

An

zu ....

Auf Grund des Pfandscheins der

....

zu .... vom .....ten .... 18 ..
haben wir Ihnen einen Kredit zwecks Discontirung von Accepten der ...
zu .... in der von uns festgesetzten Form bis zum Höchstbetrage

von *M.* ....

eingeräumt.

Der Ihnen im Ganzen zu diesem Zwecke eingeräumte Kredit beträgt nunmehr

M. ....

Preußische Central-Genossenschafts-Kasse.

C. (Benachrichtigung der Steuerbehörde vom Abschluß des Pfandvertrages, bezw. Ablehnung des Gesuchs.)

Preußische Central-Genossenschafts-Kasse
zu Berlin (N.W. 7, Dorotheenstr. 42).

Reichsbank Giro-Conto.
Fernsprech-Anschluß
Amt I. Nr. 1678.

Telegramm-Adresse:
Preußenkasse Berlin.

Berlin N.W. 7, den 189

J.-Nr. ....

An

das Königliche ..... Amt

zu

Dem Königlichen ....-Amte zu .... theilen wir ergebenst mit, daß wir de .... zu .... wegen de .... zu .... auf den in Wohldesselben Pfandgewahrsam für uns übernommenen, in der dortseitigen Bescheinigung vom .... näher bezeichneten Branntwein ein Wechsel-Darlehn im Betrage von

M. ....

gewährt haben.

Preußische Central-Genossenschafts-Kasse.

D. (Verstärkung des Unterpfandes.)

.............................., den ......ten .... 18....

Die Preußische Central-Genossenschafts-Kasse

zu Berlin

benachrichtigen wir hiermit, daß auf den in unserem Pfandgewahrsam befindlichen, von .... in .... Wohlderselben auf Pfandschein Nr. .... vom ....ten .... 18.... verpfändeten Branntwein heute ...., mit Buchstaben .... Literprozente, auf welchen eine Verbrauchsabgabe von 0,.............. ℳ und ein Zuschlag von 0,.............. ℳ für das Liter reinen Alkohols haftet, in Zugang angeschrieben sind. Wir haben diesen Branntwein in gleicher Weise, wie den früheren, für die Preußische Central-Genossenschafts-Kasse zu Berlin in Pfandbesitz übernommen.

Es sind sonach Wohlderselben gegenwärtig .... Literprozente verpfändet. Auch hinsichtlich der in Zugang angeschriebenen Branntweinmenge ist eine Verpfändung an die Steuerbehörde für dieser zustehende Forderungen nicht erfolgt.

Königliches ....-Amt.

(Dienststempel.)

E. (Antrag auf Freigabe von Branntwein.)

.........................., den ......ten.......................... 18

Die Preußische Central-Genossenschafts-Kasse
zu Berlin

ersuche.......... ergebenst, von dem Wohlderselben von .... mit Pfandschein № .... vom ......ten...... 18 verpfändeten, im Pfandgewahrsam des Königl. ....-Amts zu .... befindlichen, auf .... zu lagernden Branntwein gefälligst ...., mit Buchstaben Literprozente, freigeben zu wollen.

1. (Unterschrift des Pfandbestellers.) 2. (Unterschrift des Darlehnsempfängers.)

Urschriftlich dem Königlichen....................-Amte zu ....

mit dem ergebenen Bemerken übersandt, daß wir den vorstehenden Antrag genehmigt haben und die obige Menge Branntwein freigeben.

Freigabe gebucht:

Berlin, den ......ten.......................... 18....

Preußische Central-Genossenschafts-Kasse.

F. (Benachrichtigung von der Verminderung des Unterpfandes.)

..........., den ....ten.................... 18....

Die Preußische Central-Genossenschafts-Kasse

zu Berlin

benachrichtigen wir ergebenst, daß infolge der Freigabe-Erklärung vom ......ten..................18.... von dem auf Pfandschein № .... vom ......ten .... 18.... verpfändeten Branntwein ....Literprozente an.. .... zu .... herausgegeben sind. Es bleiben sonach Wohlderselben noch .... Literprozente verpfändet.

Königliches..-Amt.

(Dienststempel.)

G. (Aufhören des steueramtlichen Mitverschlusses.)

.........................., den .... ten .... 18.....

Der Preußischen Central-Genossenschafts-Kasse

zu

Berlin

theilen wir ergebenst mit, daß der steueramtliche Mitverschluß des in unserem Pfandgewahrsam befindlichen, von .... zu .... Wohlderselben laut Pfandschein Nr. .... vom .... ten .... 18..... verpfändeten Branntweins am .... ten .... 18..... aufhören wird. Den Pfandbesitz werden wir so lange fortsetzen, bis Wohldieselbe das Pfand freigiebt oder selbst übernimmt.

Königliches ....-Amt.

(Dienststempel.)

Beleihung von Anweisungen auf Branntweinsteuer-Berechtigungsscheine.

Abdruck.

Der Finanz-Minister. Berlin, den 8. Juli 1898.

J. Nr. { I. 8653. III. 9346.

Von den in mehreren Provinzen gebildeten Spiritus-Verwerthungs-Genossenschaften wird beabsichtigt, ihren Mitgliedern zwecks Bestreitung der Brennerei-Wirthschaftskosten einen Kredit zu gewähren, zu dessen Sicherstellung die Schuldner der Gläubigerin das Recht auf die ihnen bei der Abfertigung des Kontingentsbranntweins zustehenden Branntweinsteuer-Berechtigungsscheine im Wege der Anweisung (§ 251 fg. I. 16 A. L. R.) übereignen sollen.

Brennereibesitzer, welche von der Genossenschaft einen Kredit erlangen wollen, werden derselben hiernach den Auftrag ertheilen, die ihnen demnächst zustehenden Branntweinsteuer-Berechtigungsscheine für eigene Rechnung in Empfang zu nehmen. Bei der Mittheilung von dieser Anweisung an das Haupt-$\frac{\text{Zoll}}{\text{Steuer}}$-Amt haben die Brennereibesitzer sich unwiderruflich zu verpflichten, die gesammte Jahresproduktion an Branntwein zum höheren Steuersatze abfertigen zu lassen.

Es besteht kein Bedenken, die Steuerbehörden bei diesem Verfahren mitwirken zu lassen. Sobald das Hauptamt von einem Brennereibesitzer von der erfolgten Anweisung in Kenntniß gesetzt wird, ist die Anweisung in einem an die betreffende Genossenschaft zu richtenden Schreiben anzunehmen.

Für den Antrag des Brennereibesitzers sowie für die Annahme der Anweisung sind folgende Muster anzuwenden:

I.

Ich beantrage hiermit unter Verzicht auf Widerruf dieses Antrages, den gesammten in meiner Brennerei zu .... in dem Betriebsjahre 18....../...... herzustellenden Branntwein zu dem Steuersatze von 0,70 M für das Liter reinen Alkohols abzufertigen und auf mein Kontingent von .... l r. A. anzurechnen

Zugleich benachrichtige ich das Königliche Haupt-$\frac{\text{Zoll}}{\text{Steuer}}$-Amt zu ...., daß ich die .... Genossenschaft .... angewiesen habe, die bei der Abfertigung des Branntweins zu ertheilenden Branntweinsteuer-Berechtigungsscheine für ihre eigene Rechnung in Empfang zu nehmen. Ich beantrage daher weiter, diese Berechtigungsscheine in dem genannten Betriebsjahre der obigen Genossenschaft oder ihren Rechtsnachfolgern zu übereignen.

(Ort und Datum)

(Unterschrift)

Brennereibesitzer.

II.

Der .... Genossenschaft
theilen wir mit, daß Herr Brennereibesitzer
in .... bei uns den
unwiderruflichen Antrag gestellt hat, den gesammten in seiner Brennerei zu ....
in dem Betriebsjahre 18 ...... herzustellenden
Branntwein zu dem Steuersatze von 0,70 M.
abzufertigen und auf sein Kontingent von
Liter reinen Alkohols anzurechnen.

Herr .... hat uns zugleich benachrichtigt, daß er Sie angewiesen habe, die bei der Abfertigung des Branntweins zu ertheilenden Branntweinsteuer-Berechtigungsscheine für Ihre eigene Rechnung in Empfang zu nehmen, und er hat weiter beantragt, diese Berechtigungsscheine in dem genannten Betriebsjahre Ihnen oder Ihren Rechtsnachfolgern zu übereignen.

Diese Anweisung nehmen wir hierdurch an.

(Ort und Datum.)

Königliches Haupt-$\frac{\text{Zoll}}{\text{Steuer}}$-Amt.

Die Haupt-Aemter und Unterstellen sind hiernach mit der erforderlichen Anweisung zu versehen, auch ist, um Versehen bei der Aushändigung der Branntweinsteuer-Berechtigungsscheine zu vermeiden, besondere Anordnung zu treffen, daß schon bei der Ausfertigung der Scheine geprüft werde, an wen dieselben auszuhändigen sind.

In Vertretung:

gez. Meinecke.

An die Herren Provinzial-Steuer-Direktoren in Königsberg, Danzig, Posen, Stettin, Berlin, Breslau und Magdeburg.

Berlin, den 8. Juli 1898.

Abschrift zur Kenntniß.

In Vertretung:
gez. Meinecke.

An die übrigen Herren Provinzial-Steuer-Direktoren, den Herrn General-Direktor des Thüringischen Zoll- und Steuervereins in Erfurt und die Königliche Regierung in Sigmaringen.

Berlin, den 8. Juli 1898.

Abschrift lasse ich Ihnen auf den Bericht vom 25. v. Mts. I. 1118 zur Kenntniß mit dem Ersuchen zugehen, die Westpreußische Spiritus-Verwerthungs-Genossenschaft auf die anbei zurückfolgende Eingabe vom 19. v. Mts. mit dem erforderlichen Bescheide zu versehen.

In Vertretung:
gez. Meinecke.

An den Herrn Präsidenten der Preußischen Central-Genossenschafts-Kasse hier.

Direktorium der Preußischen Central-Genossenschafts-Kasse.

Berlin, den 15. Juli 1898.

Indem wir von vorstehender Verfügung und den Anlagen Kenntniß geben, ersuchen wir, wo unser Kredit in Anspruch genommen werden soll, folgende Erklärung unter das der Genossenschaft zugehende Schreiben des Königlichen Haupt-Zoll/Steuer-Amts (Formular II) zu setzen:

„Den uns aus vorstehender angenommener Anweisung zustehenden Anspruch auf Uebereignung der Branntweinsteuer-Berechtigungsscheine treten wir hiermit an die Preußische Central-Genossenschafts-Kasse in Berlin ab.

(Ort, Datum, Unterschrift der Genossenschaft)."

Das so vervollständigte Schriftstück würde uns dann zuzusenden sein.

Direktorium der Preußischen Central-Genossenschafts-Kasse.
Freiherr von Huene. zur Megede.

Direktorium
der
Preußischen
Central-Genossenschafts-Kasse.

Berlin,
im Mai 1898.

In der Anlage übersenden wir die nach einer Konferenz mit Kommissaren des Herrn Finanzministers und der Herren Minister für Landwirthschaft und für Handel entworfenen „Besonderen Bestimmungen behufs Förderung des Geschäftsbetriebes von Kornhausgenossenschaften" mit dem Ersuchen, etwaige Bedenken dagegen baldgefälligst mitzutheilen.

Die Bestimmungen gehen von der Ansicht aus, daß eine direkte Lombardirung des Getreides seitens der Preußischen Central-Genossenschafts-Kasse zur Zeit nicht durchführbar ist, ohne den Geschäftsbetrieb der Kornhäuser in einer Weise zu hemmen, daß dieselben nicht befähigt sein würden, ihre Aufgabe in sachgemäßer Weise zu lösen. Andererseits aber muß die Preußische Central-Genossenschafts-Kasse darauf halten, daß ihr eine absolute Sicherheit für die dargeliehenen Gelder geboten wird; daher die verlangten Unterlagen für den Wechselkredit. Diese Unterlagen ermöglichen es auch zur wesentlichen Erleichterung des Wechselkredits im einzelnen Falle von einer Prüfung der Bonität der Acceptanten der Geschäftswechsel abzusehen.

Die Sicherheit der Unterlagen und die verlangte Kontrolle des Geschäftsbetriebes wird es aber auch nach den mit der Reichsbank geführten Verhandlungen ermöglichen, daß diese für dieses Geschäft einen besonderen Wechselkredit eröffnet und dadurch die Preußische Central-Genossenschafts-Kasse befähigt, den Anforderungen der Kornhausgenossenschaften in vollem Umfange gerecht zu werden, ohne dadurch die sonstigen Kredit-Ansprüche zu benachtheiligen.

Durch den Hinzutritt des Haftsummen-Kredits mit den Vorzugsbedingungen hinsichtlich der Zinsen wird sich ein mäßiger Durchschnittszinsfuß herausstellen.

Direktorium

der Preußischen Central-Genossenschafts-Kasse.

Freiherr v. Huene.

zur Megede. Dr. C. Heiligenstadt.

Berlin, $\frac{\text{Mai}}{\text{September}}$ 1898.

Besondere Bestimmungen behufs Förderung des Geschäftsbetriebes von Kornhausgenossenschaften.

1. Die Preußische Central-Genossenschafts-Kasse verkehrt (in Gemäßheit des Gesetzes vom 31. Juli 1895 § 2 Nr. 1) nicht unmittelbar mit den einzelnen Kornhausgenossenschaften, sondern nur mit den Vereinigungen von Genossenschaften (Verbandskassen), welchen sich dieselben angeschlossen haben.
2. Der Haftsummenkredit, um welchen sich der Kredit einer Verbandskasse durch den Zutritt einer Kornhausgenossenschaft erhöht, wird nach den allgemeinen Bestimmungen für den Geschäftsverkehr mit Verbandskassen festgestellt, das Gleiche gilt, wenn eine neue Verbandskasse

unter Betheiligung von Kornhausgenossenschaften gebildet wird.

3. Neben dem Haftsummenkredit wird den Verbandskassen zur Unterstützung der Kornhausgenossenschaften ein Kredit auf Grund von Specialsicherheit gewährt gegen die ausdrückliche Erklärung,
   a. von der Verbandskasse: daß der Kredit ausschließlich für die Betriebe der betreffenden Kornhausgenossenschaft Verwendung finden wird, und
   b. von Seiten der Kornhausgenossenschaft: daß der Kredit ausschließlich dazu verwandt wird, Vorschüsse auf bei ihr gelagertes Getreide zu geben.

4. Die Specialsicherheit kann bestehen in Werthpapieren, Bürgschaftsscheinen oder in Depotwechseln. Die Depotwechsel (Solawechsel auf 10 Jahre) sind von der Kornhausgenossenschaft auszustellen und von Personen zu giriren, deren Vermögen zusammen nachweislich mindestens das Zehnfache des Wechselbetrages, einschließlich der bei Genossenschaften übernommenen Haftsummen, erreicht; zuletzt ist noch das Giro der Verbandskasse (Hauptgenossenschaft u. s. w.)

hinzuzufügen. Muster werden auf Wunsch mitgetheilt. Erfolgt die Girirung der Depotwechsel durch sämmtliche Mitglieder des Vorstandes und Aufsichtsrathes der Kornhausgenossenschaft, welche Personen damit ausdrücklich eine besondere Haftung übernehmen, so ist es nicht erforderlich, daß das Vermögen der Unterschreibenden das Zehnfache der Wechselsummen einschließlich der bei Genossenschaften übernommenen Haftsummen erreicht, vielmehr genügt es in solchen Fällen, daß die Wechselsumme einschließlich der bei Genossenschaften übernommenen Haftsummen einen angemessenen Betrag des Vermögens nicht überschreitet. Die Kreditgrundsätze der Reichsbank werden bei dieser Berechnung im Allgemeinen zu Grunde gelegt werden.

Die behördliche Bescheinigung ist, wo erforderlich, nach Maßgabe der Erlasse des Herrn Finanzministers vom 15. 6. 1897 $\frac{\text{II. 6320}}{\text{I. 7606}}$ und 7. 7. 1897 II. 7390 einzuholen.

Die Höhe des Depotwechsels darf $^2/_3$ des nach Durchschnittssätzen berechneten Werthes des Getreides, dessen gleichzeitige

Unterbringung im Kornhause möglich ist, nicht übersteigen.

Für die Unterzeichneten eines Bürgschaftsscheines und für die Höhe des letzteren gelten dieselben Bedingungen.

5. Auf Grund dieser Specialsicherheiten wird den Verbandskassen ein Wechselkredit eröffnet. Die Wechsel — Drei-Monatswechsel — sind auszustellen von der Verbandskasse, zu acceptiren von derjenigen Kornhausgenossenschaft, zu deren Betrieb der Betrag Verwendung finden soll. Der Verbandskasse wird ein besonderes Konto errichtet, auf welchem die Wechsel nach den acceptirenden Kornhäusern getrennt gebucht werden. Auf diesem Konto werden eingehende Summen bis zum Betrage der jeweils laufenden Acceptverbindlichkeiten gutgeschrieben und von der Preußischen Central-Genossenschafts-Kasse zum jeweiligen offiziellen Reichsbankzinsfuße für Wechsel, jedoch nie über dem Satze, zu dem die Accepte diskontirt worden sind, verzinst.

Das Verfahren ist im Uebrigen wie bei der laufenden Rechnung. Zahlungen unsererseits erfolgen nur auf Anweisung der Verbandskasse bezw. durch Diskontirung der Wechsel, Rückzahlungen sind an uns direkt von den Einzelgenossenschaften zu leisten.

6. Um die Ausführung der Bestimmung unter Nr. 3b nachzuweisen, hat die Verbandskasse am 1. und 15. jedes Monats an die Preußische Central-Genossenschafts-Kasse eine Mittheilung einzusenden, aus welcher der höchste Stand und der niedrigste Stand an gewährten Vorschüssen auf Getreide und der Stand an gelagertem Getreide an den entsprechenden Tagen, letzteres nach Masse und Werth, ersichtlich ist.

7. Wenn auch die Vorschüsse auf Getreide (Lombardirung) durch die Verbandskassen erfolgen und auch diese nach den Acceptanten und den Giranten des Depotwechsels der Preußischen Central-Genossenschafts-Kasse für die von dieser gewährten Darlehne haften, so ist doch das indirekte Interesse der Preußischen Central-Genossenschafts-Kasse an der Entwickelung dieses Geschäftszweiges ein solches, daß eine genaue Kenntniß desselben erwünscht ist. Es sind daher die für den Betrieb — Lombard-

verkehr — entworfenen Geschäftsordnungen der Preußischen Central-Genossenschafts-Kasse vorzulegen. Diese Geschäftsordnungen müssen insbesondere auch Bestimmungen über die Rückzahlungen an die Preußische Central-Genossenschafts-Kasse enthalten. Etwaige Bedenken wird dieselbe mittheilen und ist berechtigt, wenn diese Bedenken nach ihrer Ansicht erheblich sind und nicht behoben werden, den Geschäftsverkehr zu kündigen. Außerdem wird der Preußischen Central-Genossenschafts-Kasse das Recht eingeräumt, sich jederzeit an Ort und Stelle durch ein Direktionsmitglied oder durch eine mit Legitimation versehene Persönlichkeit von der Innehaltung der Geschäftsordnung im Betriebe zu überzeugen. Das vorstehend gewahrte Kündigungsrecht steht der Preußischen Central-Genossenschafts-Kasse auch zu, sobald dabei erhebliche Mängel in der Verwaltung vorgefunden werden.

Direktorium
der Preußischen Central-Genossenschafts-Kasse.

Freiherr von Huene.

zur Megede. Dr. C. Heiligenstadt.

Bürgschaftsschein.

Die

.... zu ....

hat von der Preußischen Central-Genossenschafts-Kasse zu Berlin einen Wechsel-Kredit gewährt erhalten, welcher ausschließlich für den Betrieb der

....

zu .... Verwendung finden soll.

Für alle Ansprüche der Preußischen Central-Genossenschafts-Kasse aus diesem Rechtsverhältniß an die ....

zu ...., sowohl wegen der bereits gewährten, als der noch zu gewährenden Kreditbeträge verbürgen sich die unterzeichneten Genossen der ....

zu ... bis zur Höhe eines Betrages von .... ℳ (in Worten .... Mark) hierdurch selbstschuldnerisch und solidarisch.

....den

Für ..... ten bis ..... ten .... 18 ...

Nachweis

über den Bestand an Getreide im Kornhause zu ....

(Nr. 6 der Besonderen Bestimmungen für den Verkehr mit Kornhausgenossenschaften.)

	Tag	Monat	Jahr	Weizen	Roggen	Gerste	Hafer				Im Ganzen Doppelzentner	Zum Durchschnittspreis pro Doppelzentner von ..... M. Werth:	Gewährte Lombard-Darlehne M.	Als Kaufpreis an Genossen gezahlt M.	Im Ganzen gezahlt M.	Bemerkungen
				1.	2.	3.	4.	5.	6.	7.	8.	9.	10.	11.	12.	13.
Höchster Gesammt-Bestand (Spalte 8) während der 14 Tage in Doppelzentnern																
Niedrigster Gesammt-Bestand (Spalte 8) während der 14 Tage in Doppelzentnern																

..........., den ......ten 18.......

(Firma und Unterschrift der Kornhausgenossenschaft).

Gesehen.

, den ten 18

(Firma und Unterschrift der Verbandskasse).

1. Es ist derjenige Tag zu nehmen, an welchem der höchste Gesammt-Bestand sämmtlicher Getreidearten zusammen genommen vorhanden war, und entsprechend der Tag, an welchem der niedrigste Bestand war. Die Spalten 1–7 haben zusammen den Betrag in Spalte 8 zu ergeben.
2. Dieser Nachweis ist von den Kornhausgenossenschaften am 1. und 15. jedes Monats der Verbandskasse (Hauptgenossenschaft ꝛc.) und von dieser der Preußischen Central-Genossenschafts-Kasse einzureichen.